# 管理职责
## 华尔街理念的迷失与回归

Stewardship
Lessons Learned from the Lost Culture of Wall Street

约翰·G．塔夫脱（John G. Taft）／著

丁志杰 张红地 等／译

中国金融出版社

责任编辑：张智慧　刘　戈
责任校对：刘　明
责任印制：丁淮宾

Title：Stewardship：Lessons Learned from the Lost Culture of Wall Street by John G. Taft，ISBN：978-1-118-19019-7

Copyright © 2012 by John G. Taft

All Rights Reserved. This translation published under license. Authorized translation from the English language edition, Published by John Wiley & Sons. No part of this book may be reproduced in any form without the written permission of the original copyrights holder.

北京版权合同登记图字 01-2013-5466

《管理职责：华尔街理念的迷失与回归》中文简体字版专有出版权属中国金融出版社所有，不得翻印。

**图书在版编目（CIP）数据**

管理职责：华尔街理念的迷失与回归（Guanli Zhize：Huaerjie Linian de Mishi yu Huigui）/［美］约翰·G. 塔夫脱著；丁志杰，张红地等译．—北京：中国金融出版社，2015.5

书名原文：Stewardship：Lessons Learned from the Lost Culture of Wall Street

ISBN 978-7-5049-7792-2

Ⅰ.①管… Ⅱ.①约…②丁…③张… Ⅲ.①金融危机—研究—美国②金融—监督管理—研究—美国　Ⅳ.①F837.125.9②F837.121

中国版本图书馆 CIP 数据核字（2015）第 015045 号

| | |
|---|---|
| 出版发行 | 中国金融出版社 |
| 社址 | 北京市丰台区益泽路2号 |
| 市场开发部 | （010）63266347，63805472，63439533（传真） |
| 网上书店 | http://www.chinafph.com |
| | （010）63286832，63365686（传真） |
| 读者服务部 | （010）66070833，62568380 |
| 邮编 | 100071 |
| 经销 | 新华书店 |
| 印刷 | 保利达印务有限公司 |
| 尺寸 | 169毫米×239毫米 |
| 印张 | 13.25 |
| 字数 | 186千 |
| 版次 | 2015年5月第1版 |
| 印次 | 2015年5月第1次印刷 |
| 定价 | 42.00元 |
| ISBN 978-7-5049-7792-2/F.7352 |

如出现印装错误本社负责调换　联系电话（010）63263947

## 翻译人员

丁志杰　张红地　吴昕烨　梁彩红

献给个人投资者……及他们对美好未来的信心

作者将本书所得全部捐给慈善机构。

本书中关于个别公司的信息及其所发行证券的表现仅用于说明的目的，不作为投资建议。个人应该与他们的财务顾问合作，以制定适合自己的财务状况的投资策略。依靠现有的关于未来投资的最新信息及对过去的投资表现的了解并不能保证未来的业绩。

# 前　言

## 约翰·C. 博格尔

在我们的国家，在我们的社会，任何关心金融体系的作用的人，都不能忽视约翰·G. 塔夫脱的华尔街管理理念的惊人呼声。

文章伊始，作者明确揭示了他的意思：

传留下来的管理理念要求我们在经济或社会体系中不仅把自己看作是个体行为者，而且要看作为一名社会成员。这就要求我们不能仅从自身利益出发来说明我们的目的，"这跟我有什么关系？"而是要从服务他人的角度出发。最后，本书不仅涉及在我们有生之年如何为他人服务，更明确指出我们的行为对未来几代人的影响。

通读约翰的这本引人入胜的著作，让我不禁一遍又一遍地产生了与其志趣相投的激情。例如，作者谴责"金融胡作非为：自私自利胜过管理"（第二章）。就我而言，我反对华尔街赌场，在那里营销胜过管理，市场胜过管理，而共同基金业（我为之奉献了60多年的职业生涯）的业务也已经从"我们卖我们做的"转变为"我们做我们卖的"。

世界金融的发展可以恰当地描述为一个代理问题，代表不同荣誉的代理人和委托人之间的典型冲突。这种冲突并不新鲜。在《圣经·旧约》中《以西结书》第34章说道："以色列的牧人有祸了，因为他们饲养着自己，而不是他们的羊群。"在《圣经·新约》中，马太福音4:3和马克15:30再次断言："一个人不能侍奉两个主。"

正如塔夫脱所说的那样，当代理人忽略这一原则，将自身利益凌驾于此原则之上时，一切皆会发生。

什么因素驱动金融公司的相对重要性和他们获得历史性的丰厚回报的能力与日俱增？这些回报可能是由于金融机构，尤其是大型金融机构，不再只是充当客户的代理人，而是开始越来越多的代表他们自己……从而产生了一种新的文化理念和价值观，其与"公司应当致力于帮助客户解决问题，为客户提供便利或满足客户需要"的传统价值观相异。

塔夫脱引用《道德资本主义》的作者斯蒂芬·杨的话提醒我们：

植入了为他人服务的理念的代理观念成为管理原则和道德行为之间的联系。如果站在公司的角度，你将能感同身受……"当别人进入视野时，对权力的使用需要道德观的敏感性……道德责任是一种管理方式、一种代理方式和一种信托保证……这是一种基于自我和他人互惠、互利的视角。"

在描述我们金融体系的失败过程中，作者不怕指名道姓，但也只是点到为止，在书中作者的确列了他们的名字，例如：高盛、瑞银、美林、储备基金。此外，作者引用密尔沃基投资银行公司罗伯特·贝尔德有限公司CEO保罗·珀赛尔的话，从更广泛的视角高度概括了整个行业是如何出错的。

毫无疑问，我们这个行业已经迷失了它的方向，不只是大企业。然而，公司越大，他们似乎更专注于推出专利产品，寻找方法从交易各方中赚钱——构建、出售、对冲、交易——损害了客户……这是贪婪，光荣的贪婪。

从约翰·G.塔夫脱书中的话语，我很快回想起类似的但更尖刻的对管理失败的描述：

# 前　言

我敢断言，就刚刚结束描绘的金融时代的历史来讲，其大部分错误和主要缺失是由于未能遵守诚信原则，就像《圣经》中一句古老的格言："一个人不能侍奉两个主。"一个没有思想的人才会相信经济将建立在一个可以永久忍受没有诚信原则的商业基础之上。所有权和经营权的分离，企业结构的发展，使小公司得以控制数目众多的但无知的小投资者，如果现代商业世界要履行其应有的功能，那么就要积极主动地致力于实现这一原则。

然而，那些名义上的受托人，但是通过高明的法律手段，使他们自己免除了保护其所声称代表的利益的义务，也就是公司管理人员和董事未经股东同意甚至在股东不知情的情况下从企业资金中奖励给自己丰厚的奖金……在层出不穷的操作和交易中，金融机构最易忽略投资者的利益，由此可见我们在多大程度上忽略了诚信原则的含意。对个人造成的损失和痛苦，以及对以商业为基础并依赖诚信的社会秩序的危害都是不可估量的。

你可能会认为这些语句来自当代书籍——论述最近金融体系的崩溃、股市的大跌、机构基金经理和巨头公司管理者之间的连锁利益的读物，但它们不是。事实上，这些话是1934年由美国最高法院法官哈伦·费斯克·斯通（后来的美国首席大法官）提出的，之后被发表在当年的《哈佛法律评论》上。

自斯通法官恰当地描述金融系统出了什么问题以来，78年过去了，我们在解决金融问题上却几乎无所作为。具有讽刺意味的是，1934年的《格拉斯—斯蒂格尔法案》的一个重大举措是将投资银行从商业银行中分离出来，但经过20世纪90年代的逐渐侵蚀，实际已废止。然而对我来讲更为深刻的是，1940年的《投资公司法案》要求共同基金经理把基金的股东利益放在自身利益之上（第一章B部分），但这一政策要求在整个行业中普遍被忽略。

塔夫脱提出了许多补救措施来修复系统，人们只能希望（甚至祈祷）这些补救措施比他们失败的前身更成功。他对在2010年的《多德—弗兰克法案》中提出的改革方案的实施予以厚望。他建议美国的决策者借鉴加拿大的经验，隔绝了美国所经受的危机的影响（第四章"世界上最安全的银行体系：加拿大，瑞士。"）。他建议重建管理精神，以净化和更新我们的金融体系，进而必须为投资顾问和基金经理人的信托责任建立（我自己的意见）一个联邦标准，该标准中，保护客户利益享有最高优先权。

顺带说一下，我注意到作者不仅分享了我的人类及伦理价值观，而且分享了我的投资价值观。他认为"关于金融市场是如何运作的核心信仰和信念——像均值回归，像对资产级别的长期预测，像价值的多样化"，如果投资者从这些基本概念开始规划他们的长期战略，将有益于他们自己。

结语：《管理职责》这本书的作者拥有丰富的经历、一定的地位和高尚的品格（我补充的），并勇敢地撰写了这么尖锐的一本书。他是一位业内人士，曾担任证券业和金融市场协会（SIFMA）主席，SIFMA由投资行业的高级投资经理组成。他也是一个成功的银行家和资金经理，具有广泛的从业生涯，同时在美国和加拿大拥有重要地位。

他还是塔夫脱家族的一员。这个家族在历史上曾经培养出一批美国的政治体制的最坚定的维护者，包括一名总统、一名首席法官、一名美国参议员。更重要的是，这个家族，将公共服务视为其最高的传统和荣誉。他的祖父，传奇的美国参议员罗伯特·A.塔夫脱，被称为诚信先生，约翰·肯尼迪的话如此评价他（引自《勇敢者传略》），无论付出什么代价，都"始终如一地坚持他所认可的基本原则"，而约翰·G.塔夫脱继承了那些传统。

## 前　言

　　如果你持有同样的信念——正直、诚信和管理是建设一个更好的金融体系、更好的社会、更好的美国的关键——你会喜欢这本书。如果你还不曾持有那些信念，我相信你将会被这本书的有力论证所说服。现在，让我们都走出去，并开始做一些事情。

约翰·C. 博格尔

先锋集团创始人

宾夕法尼亚州福吉谷

2012.1.4

这个家族在历史上曾经培养出四名美国的政治体制的最坚定的捍卫者，包括一位总统、一名首席法官、一名美国参议员。更重要的是，这个家族，财务长院总现为其最高的特院和荣誉。他的侄父，传奇的美国首文总署俪特·月·塔夫脱，被称为诚信先生。无论付多什么死了后，都杜冷知一地坚持他所认可的某原则。

# 引 言

2009年10月5日，在第一次向美国国会作证的前一天我参观了罗伯特·A.塔夫脱纪念馆和华盛顿特区位于美国国会大厦和联盟站之间的一座十层的钟楼，它是唯一一个位于美国国会大厦的纪念一名国会议员的纪念馆。我代表金融服务公司在众议院金融服务委员会面前作证。正在编写金融监管改革法案的美国国会，也一直在搜集银行、经纪商和受影响最大的资产管理公司的观点。

因为罗伯特·塔夫脱是我的祖父，所以我去参观了那个纪念馆，他为公共服务倾注了毕生的心血。他是美国总统威廉·霍华德·塔夫脱（1909—1913年在任）的三个孩子之一，在白宫长大，而威廉·霍华德·塔夫脱是曾担任联邦最高法院的首席法官（1921—1930年在任）的唯一的总统。我的祖父是20世纪40年代和50年代初美国参议院的共和党领袖，赢得了非官方头衔"共和党先生"。他的四个儿子，包括来自俄亥俄州的国会众议员和参议员，美国驻爱尔兰大使和一个曾担任耶鲁学院院长的物理学家（我的父亲）。他的孙子有在国防部、北大西洋公约组织（NATO）和国务院卫生和人类服务部工作的政府高级官员，还包括在俄亥俄州任两届的州长。站在罗伯特·塔夫脱的雕像前，我立刻受到感染，并被我们家族的传统理念、责任、义务和服务意识所征服，真希望可以一代又一代地传承下去，以回报社会。

我的祖父终其一生都在坚守核心原则方面以身作则，充分显示了将人的道德指南针锁定在正确方向的重要性。在他看来，正确的方向是"法律

资料来源：首都建筑师协会。

**位于华盛顿特区的罗伯特·A. 塔夫脱纪念馆和钟楼**

面前人人平等"的原则。对他而言，这些原则是自由社会的基础。它们的重要程度足以驱使他发言反对他认为的任意一个与这一原则相悖的事件。这为他在约翰·F. 肯尼迪的书中赢得了一个章节《勇敢者传略》……也为他获得了1948年和1952年的共和党总统提名。

"罗伯特·A. 塔夫脱，"肯尼迪写道，"一个坚决支持他所相信的基本原则的人——在争论那些基本原则时，不要说是白宫的诱惑，就算是他的候选人资格因此可能受到挫伤，也不能阻止他讲出来。"[1]

## 引　言

"他不仅仅是一名政治领袖，一位'共和党先生'。他也是塔夫脱——即'诚信先生'。"[2]

也许因为参观了塔夫脱纪念馆，也许是因为我家族的信念，我一直相信核心原则的重要性。我确信，如果你不把它们摆正，什么都无所谓了。

相反，如果你把它们摆正，其他事情都会各得其所。

这本书源于一次讲话和我写的一本题为《创建一个明确的前进道路》*的白皮书。坦率地说，这是我在2008—2009年金融危机高峰时写给我们的员工和个人投资者客户的。当时，我正在探寻能说点什么以安慰他们，因为他们中许多人遇到了以前从未经历过的困境，比如他们的退休储蓄的价值缩水了50%。我试图安抚他们的情绪，在他们成年生活中的这些情绪与以前相比往往更极端、更原始，以致恐惧、困惑、沮丧甚至绝望。

核心原则很关键，在金融危机的时候尤其如此。当一切都似乎不稳定的时候，核心原则是我们脚下唯一坚定的基石。

在撰写《创建一个明确的前进道路》中我发现了这个坚定的基石，即认识到我们生活在地球上的原因是：让这个世界比我们发现时更美好。

也许因为参观了塔夫脱纪念馆，也许是因为我家族的信念，我一直相信核心原则的重要性。我确信，如果你不使他们正确，什么都无所谓。

简而言之，这就是我们的管理责任，我们的管理愿景。

传留下来的管理理念要求我们在经济或社会体系中不仅仅把自己看作是个体行为者，而要看作社会成员。这就要求我们不能仅从自身利益出发来说明我们的目的，"这跟我有什么关系？"而是要从服务他人的角度出发。最后，我们的管理理念不仅是指在我们有生之年如何为他人服务，更是指我们的行为对未来几代人的影响。

---

*　见附录 C。

是否履行管理职责的集体意愿，将决定我们是否重复或者助长2008—2009年的金融危机再度发生。它也将决定我们能否在如资源匮乏、气候变化、人口增长、财政政策、收入不平等相关的社会领域阻止这些类似的可持续性威胁。

毫不夸张地说，我们的未来取决于我们是否愿意像负责任的管家一样思考和行动。

# 目　录

第一章　核心原则：我们脚下的地面 …………………………………… 1
　　　　插曲——从失败中学习：历经苦难 …………………………… 6
第二章　金融胡作非为：自私自利胜过管理 …………………………… 9
　　　　插曲——占领华尔街过于富裕和过于贫穷 …………………… 18
第三章　管理的定义：首先哺喂你的羊群 ……………………………… 21
　　　　插曲——贪婪，无耻的贪婪 …………………………………… 29
第四章　世界上最安全的银行体系：加拿大，瑞士 …………………… 32
　　　　插曲——美国人来自火星，加拿大人来自金星 ……………… 44
第五章　使体系更强大：在《多德—弗兰克法案》和
　　　　《巴塞尔协议Ⅲ》的保护下 …………………………………… 47
　　　　插曲——小而不救？ …………………………………………… 69
第六章　使投资者更安全：在新的信托规则的保护下 ………………… 71
　　　　插曲——信用是一种义务 ……………………………………… 77
第七章　让投资者在绝望中看到希望：为下一次危机做准备 ………… 79
　　　　插曲——反复无常的掠夺 ……………………………………… 98
第八章　环境、社会和管理投资：这会是答案吗？ …………………… 101
　　　　插曲——这是一个漫长的人生：短期行为的麻烦 …………… 115
第九章　社区，关心与承诺：与我们的管理责任重新连接 …………… 117

**附录** ································································ 131
    附录 A  金融监管的利弊权衡 ···························· 133
    附录 B  《巴塞尔协议Ⅲ》监管协议 ···················· 137
    附录 C  开辟一条明确的前进道路 ························ 144

**后记** ································································ 148

**注释** ································································ 150

**精选的金融及监管改革术语** ································ 163

**笔者对补充材料的导读** ········································ 172

**补充参考文献** ···················································· 178

**致谢** ································································ 184

**作者简介** ·························································· 185

# 第一章　核心原则

## 我们脚下的地面

为客户服务是我们的基本宗旨。服务是我们增长及盈利的主要贡献来源。

——已故的哈里·C. 鲍比·派珀
Piper Jaffray & Hopwood 区域经纪公司董事长

我脚下的地面从来没有像 2008 年 9 月 16 日那样感觉摇摇欲坠，当时我在办公室接到一个电话，告诉我主权储备基金（货币市场基金）跌破了净值，更重要的是已经无限期的暂停赎回。这意味着，货币市场基金的投资者可能无法收回他们的钱。由于 RBC 财富管理的客户投资了货币市场基金，这种情况对我们所代表的投资者、我们的顾问以及我们的公司都产生了巨大的影响。

上周末雷曼兄弟宣布破产，因为基金的投资组合经理购买并持有了大量的雷曼兄弟控股发行的商业票据，所以基于这一事实而发布了货币市场基金的公告。商业票据是公司发行的一种短期债务，为公司提供融资以支持公司日常运转而不必向银行借钱。在没有出现突然破产的情况下，商业票据市场通常是一个高流动性的市场。一夜之间，雷曼兄弟的商业票据的价值下跌至 0 美元或接近 0 美元。

主权储备基金持有高达 7.85 亿美元的雷曼兄弟的商业票据，但它不能给该基金的投资者提供等值回报了，这就是为什么它宣告跌破净值的原因。由于储备基金价值下降的传言冲击着市场，基金收到了投资者数十亿美元的赎回请求，这相当于银行挤兑。基金的受托人没有在史上最糟糕的市场时机出售证券投资组合，他们选择了无限期暂停赎回，这相当于银行关闭业务窗口并紧锁大门。

我所任职的美国RBC财富管理公司最近收购了一家知名的区域经纪公司，费里斯＆贝克瓦特，总部设在巴尔的摩和华盛顿。费里斯＆贝克瓦特以投入客户的现金购买储备基金作为投资工具。我们的客户则可以在第二天出卖基金换回现金。但现在，储备基金暂停赎回基金股份，我们的客户就无法获得现金。这意味着，在许多情况下，他们没有办法买卖心仪的证券，因此也就没有办法在市场波动的时候交易其投资组合。进而没有办法达到退休计划的最低要求，没有办法缴纳房产税，没有办法支付大学学费。而这对退休人员来讲意味着空头支票，即其所依赖的用以支付日常生活开支的现金流中断了。

## 全球信任危机

那一天及其接下来的日子里，充斥着混乱和困惑。成千上万恐慌的客户打电话给他们的客户经理，客户经理又打电话给在明尼阿波利斯办公室的我们问打算做些什么来帮助他们。储备基金的管理层没有相关的应对措施并拒绝接听电话，而有关他们应对危机的信息也是不完整且混乱的。

令人难以置信的是，虽然储备基金的规模相对较小，只有620亿美元，但这却是许多企业的资金来源。而它的破产竟然引发了短期信贷市场的全球危机。几个星期以来，这造就了非常严酷的现实，那就是即使是最大的、最有信誉的公司可能也无法将其商业票据借款展期，从而发现自己无力偿还。同时，我们的客户和我们的员工惊恐地看着自己的净资产在眼前蒸发。

## 第一章 核心原则

更糟糕的是，专业的操作人员竟告诉我们处理系统不知道如何处理每股售价 1 美元以外的其他货币市场基金的股份。无法定价的主权储备基金像气罐里的糖，迫使我们的办公室陷入难以忍受的僵局。

我记得当时在想，"这是真的……你永远看不到置你于死地的那颗子弹！"

我无法入睡。我感觉我正在一部跌落的电梯里，试图找到情感支柱，找到能支撑我的一种坚实的基础。

在给我的客户和员工写的白皮书《创建一个明确的前进道路》中，我发现了坚实的基础，发现它可以实现我诚信的目标，即在危机中不是担心自己，而是帮助他人。

我当时写道：生命中最美好的事情不需要花钱，真正的财富在于人际关系。度过危机的最好方式是停止专注于你自己的问题，并开始帮助他人。*

在 RBC 的支持下，储备基金破产后的一天，我向在主权储备基金拥有现金的 RBC 财富管理的客户宣布我们将弥补他们的所有损失……每股 3 美分。我们相信，这足以弥补雷曼兄弟商业票据的价值损失。我还宣布，我们将借钱给由于现金被锁在储备基金控股中而面临现金短缺困难的任何客户。

渡过危机的最好方式是停止专注于你自己的问题，并开始帮助他人。

RBC 愿意为费里斯 & 贝克瓦特的客户做所有该做的事情以保持我们对财富管理的特权，并使我们能够在我们的顾问和客户之间建立伟大而长期的诚信。

应对储备基金危机使我再度肯定，管理原则是核心原则。他们是我个

---

\* 见附录 C。

人的正确方向。

从那时起,我对管理的个人解释不再局限于狭义的、有点技术性的定义——对被委托保管的资金的负责任的管理。我的新的、更广泛的定义与传留下来的理念相关,我称其为管理的黄金法则——让这个世界比我们发现时更美好——和更具生存意义上的提法——你的终极目的是为他人服务。

在我的职业生涯中,有超过30年的时间从事的是金融服务行业。我是一位投资银行家,是一家共同基金公司和机构资产管理公司的首席执行官(CEO),是美国最大的财富管理公司之一的负责人,最近一任证券业和金融市场协会(SIFMA)主席,SIFMA是美国经纪和证券公司及资产经理人的行业协会。我坚信金融服务行业的核心都围绕着管理的概念与管理的价值观以及管理的责任相关。

毕竟,金融市场的基础是公众的信任和信心。"信用"一词来源于拉丁词根,意思是信任。所以信任应该是金融服务行业的基础,其使命是满足公司客户的需要。这个行业是通过匹配那些拥有资金的投资者与那些需要或拥有配置资金机会的公司、政府、公共机构和非营利性组织来创造价值。金融服务业的挑战是使每个人都成为赢家,即让每个人都比在原来没有产品、服务、知识、金融机构的资本的情况下过得更好。

## 信任的基础

我觉得自己很幸运,在我职业生涯的早期就接触到了管理的价值观和管理文化。

从耶鲁大学组织与管理学院硕士毕业后,我就职的第一家公司名叫Piper Jaffray& 霍普伍德,它是一家位于明尼阿波利斯的优秀区域经纪及投资银行,当时的领导是一位叫哈里·C. 鲍比·派珀的公司元老。

第一章　核心原则

我记得在我进入公司一星期后，我就被鲍比·派珀邀请到他的办公室，作为一个完全没有经验的初级投资银行业务助理，在办公室的一个多小时里，他问了一些关于我的家庭，我的个人爱好以及我在大学的学习情况的问题。他这样做，不是对所有新员工的形式上的考核，而是因为他真的在乎每一位进入他企业的新成员。

在他生命的最后时刻，鲍比服务于人的精神日益深固。在生命的最后几年，他为 Piper Jaffray 创建了公司使命——专注于服务。他之所以这样做，正是为了阐述为他人服务是公司的理念。

"Piper Jaffray & 霍普伍德的员工认为，为客户服务是我们的基本宗旨。服务是我们的增长及盈利的主要贡献来源。"

这个思想简单但隽永，我希望你在读了这本书后思想会发生深刻的变化。

## 小市民的代理人

我们不断了解那些屈指可数的并日益集中的具有全球系统重要性的金融服务公司，这些重量级的公司包括诸如摩根大通、美国银行、高盛、花旗集团、富国银行以及摩根士丹利银行。然而，金融服务行业其实是由成千上万个诸如 Piper Jaffray 的公司组成，而这其中许多是小型企业。它们绝大多数都位于纽约市以外，相比位于华尔街的大公司，它们与美国普通市民有更多共同点。这些小公司和金融市场上的其他参与者同样也受到了 2008 年和 2009 年金融危机的破坏。这些类似于 Piper Jaffray 的企业的经营贴近客户，它们本身就是他们客户生活和工作的社区的一部分，它们每天的经营运转都遵循管理的核心原则。

鲍比·派珀的儿子泰德告诉我，"我的父亲一直认为这是一个崇高的职业，可以用我们的专业为我们所敬仰的世界服务。他觉得我们必须要有一个更高的使命，即帮助个人管理财富，为企业筹集资金，帮助政府修建道路和学校"。

事实上，金融服务业是实现管理核心原则的一个实验室、一个测试环境。当金融服务公司以代理人和中间人的角色忠于自己的使命时，它们将会有效配置资本和促进经济增长。而当它们偏离这一使命，也就是当它们停止思考自己作为代理的角色，并开始表现得像个委托人，或者当它们停止为客户提供服务，而过分关注股东的回报时，那么再多的立法或监管也不能阻止我们被带到全球金融崩溃的边缘。

从金融服务公司，我们学到了当管理价值观盛行时会发生什么，而当管理价值观不盛行时又会发生什么。

金融服务业是实现管理核心原则的一个实验室、一个测试环境。

这本书分享了我过去30年管理金融服务公司以及在金融服务公司任领导职务所得出的结论，并就如何重振管理理念提出了一些建议，希望可以使我们的金融体系更安全、更健全，这不仅为了重建公众对金融市场的信任和信心，而且也为了解决我们所面临的诸如个人、组织、社区以及社会等其他同样重要的挑战。

## 插曲
## 从失败中学习：历经苦难

我写的这本书和我读过的许多诸如领导者的著作、道德文本、管理文章以及社会评论一样都有一个共同点，就是作者对人性中的根本缺陷倾向于轻描淡写，宣扬领导者从未犯过严重的错误。

事实上，恰恰相反。错误（失败的经验）是管理智慧的源泉。

分析一下迈克尔·伊格纳蒂夫在《纽约时报》上的一篇关于政治批判

## 第一章 核心原则

和伊拉克战争的文章（迈克尔在 2011 年加拿大选举中惨败，后来成为加拿大自由党领袖）。伊格纳蒂夫写出了人们对领导者的期望："正如先知以赛亚所说，他们一定是洞悉悲伤且尚未过上所向往生活的人，他们真正的了解我们，并从来没有放弃希望……"[1]

伊格纳蒂夫写道："从失败中学习和追寻成功同等重要。"[2]

像大多数人一样，我在生活中也经历过管理的失败，它更多地发生在我的个人生活而不是职业生活中。由于缺乏领导者的勇气，致使我的家庭分裂以及三个孩子与我多年来的疏远，虽然这不是直接原因，但终究是有所影响。后来我们才慢慢地或多或少回归正轨。

我记得我曾在一张纸上画了一条线，写着"生活向前看"，我将自己犯过的错误铭记于心并努力学习，同时承诺成为我孩子所钦佩而我自己也引以自豪的人。

前马萨诸塞州州长米特·罗姆尼在成为总统候选人之前，是波士顿附近的摩门教领袖。有报道说他曾告诫来到他家的一个 19 岁的大学生："作为人，我们的工作不是通过我们全部的善行和恶行及如何使事物均衡来衡量的。你唯一需要考虑的是，你试图改善吗？你试图做得更好吗？"[3]

伴随我的"做得更好"的承诺，我想起了管理的经验教训：（1）无论多么痛苦和艰难，坚守诚信，绝对比一个秘密或谎言会产生更少的痛苦和更少的潜在破坏性；（2）担心别人会如何反应或如何认为是作出一个坏的决定的最直接的方法。

据报道，1862 年亚伯拉罕·林肯在应对来自国会的批评时说道："我会始终坚持做我所认为的最好的而且是力所能及的。如果最终结果表明我是正确的，那么反对者说什么都无济于事。如果最终结果表明我是错误的，那么即使有 10 个天使发誓说我是对的也于事无补。"[4]

顺便说一句，在金融危机最严重的时期在联邦储备银行总部的地下室这句话由一名员工所转述,雇员不是别人,正是现任美国联邦储备委员会主席本·伯南克。

现在看来管理经验真是多种多样。

# 第二章 金融胡作非为

## 自私自利胜过管理

> 许多机构在市场竞争中失败……其原因要么是对他们的职责很困惑，要么是迷失了方向。
>
> ——阿尔瓦，《领航诚信》

2008年9月下旬，在雷曼兄弟控股公司申请破产的几天后，老布鲁斯·本特的主权储备基金跌破面值并暂停赎回，因而冻结了成千上万个人基金股东所持有的现金。本特基金是一个拥有620亿美元的货币市场基金，它是一个流行的储蓄工具，被视为地球上最安全和最保守的投资之一。现在该基金却引发了客户们对是否能拿到自己的钱的极度焦虑。如果他们能够得到自己的钱，他们会得到多少，他们将什么时候得到它？

想象一下，几天后当我得知本特基金计划并入我的母公司——加拿大皇家银行时，我的兴趣有多大。

本特建议（我的理解）由新组建的投资平台转移其现有的几乎等值的基金资产。本特还建议，这个新的投资平台将由本特基金和RBC共同拥有。新创建的控股工具将减少其现有的投资咨询机构和现有的空壳实体的资金，并保护投资者的诉讼权和监管处罚权。

实际上，作为加拿大最大和最受尊敬的金融机构，本特提出了特有的品牌属性——安全性、稳定性和防御性。我知道，本特想将其已受损的业务的全部所有权转变为一个更可行的部分所有权。这个过程可能会剥夺其客户的追索权，但仍然会提供给他们另一个途径，即起诉储备管理基金。这就是本特的投资咨询公司，其管理的基金已经失去了投资价值。

有趣的是，本特不建议涵盖他的其他业务——该公司拥有一项专利业务，即经纪公司代表其客户将现金存入银行，并得到美国联邦存款保险公司（FDIC）的担保，此类业务并没有受到雷曼兄弟破产的影响，如果有的话，它的价值极有可能上涨，因为投资者追求安全。对于此类业务本特仍希望完全拥有其所有权。

我代表RBC给本特打电话并告诉他，我们试图寻找一个符合他所说的条件的新思路，并提出唯一的一个条件：我们是否可以使用新创建的投资平台产生的利润保全储备基金的投资者的利益不受损失。

"疯了，"他告诉我，"我为什么要那样做？"

在我看来本特的态度是缺乏关注客户需求的一个典型的例子，而这种态度把我们带入了当时的危机。

没多久我们的谈话就结束了。放下电话，我在想本特的态度是缺乏关注客户需求的一个典型的例子，而这种态度把我们带入了当时的危机，并且给数以百万计的个人和机构投资者带来了恐慌和困惑。

我把我的失望记录在我的个人备忘录里，我没有与人分享，只是在这里摘录一部分：

我不认为本特持有雷曼兄弟的商业票据是不妥当的，但是他给RBC的建议中对正在经受痛苦的客户的关心太少……在我看来，这违背了资产管理业务应遵循的前提。

储备基金的客户仍然没有获得他们的现金，他们不知道他们何时能够或者是否能够获得现金。每一天我们公司都会遇到由储备基金股东所带来的麻烦，该基金的管理层已经无计可施并已经消失了。美国证券交易委员会（SEC）并没有参与处理这件事。

第二章  金融胡作非为

我对布鲁斯·本特有一个建议：尽你所能让你的客户不受损失，这样，即使你经历这场灾难，但至少你的信誉有可能毫发无损。

## 恶　棍

已经有无数个作家、评论家、监管者和政界人士引证了无数个2008—2009年金融危机爆发的缘由，在这本书里我对许多原因给予了评论。我认为导致危机的关键原因是我们的社会和金融机构缺乏管理价值观。除了老布鲁斯·本特的储备基金，我同样查阅了高盛的公开记录，处在一个感觉即为现实的行业，不论对错，其在危机中的行为已成为华尔街的最大笑柄。

让我们先从关于危机原因的冗长陈述开始。由国会选任的金融危机调查委员会对此给出了一个自相矛盾的官方解释。报告指出"松懈的监管机构、鲁莽的银行家、恶魔般的衍生工具、掉以轻心的借款人、不受约束的对冲基金和散漫的评级机构，以及'伦理的丧失'和太多的债务"，以及尤其是在信贷和房地产泡沫方面引用了10条其他原因的异见。[1]

杰里米·格兰瑟姆，在分析危机原因方面最具有先见之明和娱乐性的评论员之一，在一篇题为《美联储之夜》的文章中，指责前美联储主席艾伦·格林斯潘和现美联储主席本·伯南克是"恶棍"[2]，在他看来，正是他们数十年宽松的货币政策造就了房地产和其他资产的泡沫。格兰瑟姆开玩笑说，他仅在气候变化方面没有责备美联储，并下结论说大概美联储在气候变化上也有责任。[3]

《经济学人》杂志写道："危机被归咎于廉价资金，亚洲的储蓄和贪婪的银行家，对许多人来说，放松管制是罪魁祸首。"[4]

一个更极端的观点来自马特·泰比（滚石记者，创造了短语"吸血鬼乌贼"用以形容高盛的商业行为）在《纽约时报》的评论员文章《盗贼的天堂》，其写道：

国家遭受了类似企业在涉及其商业生命的关键领域被投资银行恶意收购的危机。而监管机构和国会议员却放弃了他们的责任，或许因为他们考虑竞选资金的筹集，或许他们相信市场以无人监督的这种理想模式会运行得最好。[5]

## 实现更大目的的手段

我想在这种不协调的主要原因和促成因素中再增加一条，我相信这是一个更重要而且本源的原因，即大型金融机构的一些领导人没能忠于金融服务行业的管理职责。这正如阿尔瓦在其著作《领航诚信》[6]中提到的："使命和价值观漂移了。"

金融机构一定程度上应该是实现更大目的的手段。它们的存在是为了促进和推动经济增长。作为中介机构，作为中间人，它们发挥着重要的媒介作用，将有资本的个人与机构和需要资本的个人与机构相匹配，经常也用自有资本来提升自己的融资能力。对于银行而言，它们将存款人的资金与需要资金的实体相匹配，包括企业、政府、公共机构和非营利组织。而对于资金管理公司而言，它们将投资者的资本与需要资金的实体相匹配。当金融机构忠于自己的使命和目的时，其代理职责的履行将使每个人都赚钱并且过得更好。要做到这一点，它们必须以客户为中心，而且首要任务是服务于它们的客户，即存款人、投资者和所有使用资本的实体。

金融机构发挥着重要的媒介作用，将有资本的个人与机构和需要资本的个人与机构相匹配。

在2008—2009年金融危机之前的几年里，金融服务公司不再考虑其以服务为宗旨和作为中介机构的责任，它们开始考虑以自己为宗旨。

## 第二章 金融胡作非为

罗杰·洛温斯坦在《华尔街的终结》中写道:"给国家的经济提供增长动力才是华尔街的最终归属。在泡沫时期,华尔街变成了一台追逐自身利益的残忍机器。"[7]

可以用一个事实证明这点,即金融部门占国内生产总值(GDP)的份额从 1965 年的 3% 增加到 2010 年的 7.5%,翻了一倍多,这促使杰里米·格兰瑟姆说道:"我们的经济实在是过度开发了金融部门。"[8]

金融业的盈利能力也有了大幅提升,股东权益收益率(ROE)成为一些国家经济中越来越重要的组成部分,其可以用发行的债券量和国家的 GDP 总额的比值予以衡量。以美国为例,金融服务债务占 GDP 的比值从 1983 年的 34% 上升到了 2009 年的 120%。[9]

什么因素驱动金融公司的相对重要性和它们获得历史性丰厚回报的能力与日俱增?这些回报可能是由于金融机构,尤其是那些大型金融机构,不再满足只是充当客户的代理人,而是开始越来越多的代表它们自己的利益。它们为了给自己的账户赚钱,使用了越来越多的财务杠杆,使得资产负债表充满了风险和流动性较差的资产,同时资本支撑却越来越少。从而产生了一种理念和价值观,这与公司应当致力于帮助客户解决问题,为客户订购提供便利,或满足客户的需求的传统价值观相异。

正如 2011 年英国《金融时报》的一篇题为《银行业的未来》的文章中说到的,"事后看来,很明显在 2007 年之前银行部门的结构是一个终将发生变化的意外产物。银行机构因为追求丰厚利润已经变得扭曲。"[10]

斯蒂芬·杨在《道德资本主义》中写道:"华尔街的失败是个人的失败。他们忘掉他们应从代理人的责任感出发采取行动。首先,从机构的职责来讲,代理关系中的个人意识将直接关系到我们如何运用自己的权力。如果我们有道德并且意识到自己是代理人……我们便不太可能滥用自己的权力。"[11]

嵌入了为他人服务的理念的代理概念,成为管理原则和道德行为之间的联系。如果你换位思考的话，这就等同于公司……正如斯蒂芬·杨所指出的，"当别人参与对权力的使用时需要有立场的道德观。"[12]

他还说："道德责任是一种管理方式，一种代理方式，一种信托方式……这是一种基于自我和他人互惠互利的视角。"[13]

## 强烈地反对高盛

2010年4月27日，我与国会议员在美国国会召开了一个关于金融监管改革的会议。那一天，高盛的高管被参议院常务调查小组委员会传唤作证，会议主席为参议员卡尔·莱文（D－MI）。11天前，美国证券交易委员会（SEC）指控高盛在设计和销售与次级抵押贷款相捆绑的债务抵押债券（CDO）中涉嫌欺诈，尤其是一笔名为ABACUS 2007－AC1的交易。

高盛的听证会是公众愤怒达到高潮的一个标志性事件。愤怒的火花始于2008年3月贝尔斯登破产引发的金融机构的灾难性崩溃，其最终导致世界上许多最大和最知名的金融机构冲销了数十亿美元的股东权益，很多机构彻底地失败了，被迫为政府所接管，或被迫被并购。这些并购大多发生在2008年9月，这是金融服务行业自大萧条以来最动荡的一个月（见图2.1）。

高盛的听证会是有益的，因为它揭发了发生在灰色地带的称不上犯罪的行为。

听证会的主题是关于讨论参议院常务调查小组委员会调查高盛内部一小部分电子邮件的。气氛一度混乱：室内，摄影师挤在听证室外面的走廊里，增加了听证会的戏剧性；而室外，有穿着监狱制服的示威者举着标语牌，上面写着"无耻"和"停止抢劫美国"。

莱文主席质询一封邮件时使用了短语"一个垃圾交易"，《经济学家》

## 第二章 金融胡作非为

杂志从中获得灵感,一改往日严肃的风格,给这次事件会取了个绰号叫"高盛和垃圾"。

莱文主席的原话是这样的:

在你们已经卖了数亿美元的这种交易(一款名为TIMBERWOLF有限公司的债务抵押债券)后,你们会怎样呢?[14]

在你们知道这是一笔垃圾交易(一款名为TIMBERWOLF有限公司的CDO)后,依旧出售了数亿美元的该债券,对此你们如何解释呢?

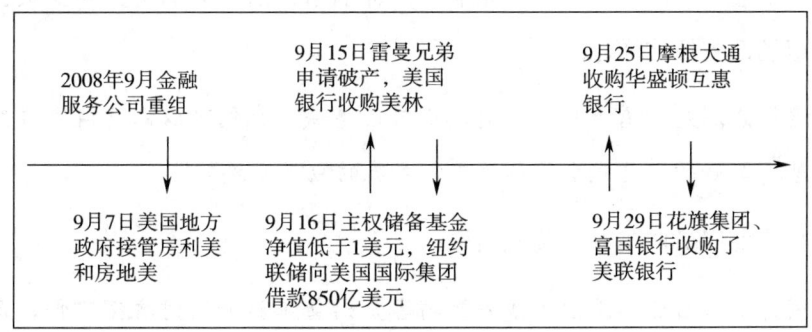

资料来源:圣路易斯联邦储备委员会,"金融危机:重大事件和政策的时间表"。

**图2.1 2008年9月:大萧条以来最严重的一个月**

高盛听证会对广大市民而言相当于我与布鲁斯·本特的谈话,许多评论者评论,其暴露了管理价值观的失败和对属于金融体系核心的监管责任的放弃。

威廉·D.科汉的《金钱和权力:高盛如何统治世界》通过出版搜集来的一系列对业内评论者的访谈和高盛听证会的情况,还有证交会(SEC)对高盛的指控,从而引发了公众对高盛的强烈不满。

例如,约翰·C.科恩引用哥伦比亚大学法学教授约翰·C.考费的话:

美国证券交易委员会对高盛的指控引发了资本市场的诚信水平高低这

一严肃的问题：投资银行允许交易的一方设计交易条款以支持自己，投资银行越来越少的VIP客户（这个影响未被披露）干扰了许多美国人……这种行为不仅是不公平的，而且对投资者的信任和信心以及资本市场的健康和效率均存在负面影响……投资银行清楚地了解其准则是"顾客至上"，因为它们知道，它们只能将证券卖给信任它们并对它们有信心的客户，但衍生工具及深奥的金融工程的兴起，使一些公司可能已经偏离了其之前的商业模式。[15]

马里兰大学法学院教授迈克尔·格林伯格，前商品期货交易委员会交易和市场部主任这样总结：

这个想法是"看，我们只对我们自己忠诚。我们可以向赌博双方建议这个赌博是好的，这完全是属于我们主流的做事方式"。[16]

高盛前雇员西尔万·瑞尼斯说：

因为认为自己不用偿还债务就向客户出售证券并同时卖空它们，是我见过的最不负责任的对信用信息的利用，当你为由你一手所导致的事件寻求保障时，就如同你在给别人的房子买火险，然后纵火。[17]

那些试图在高盛高管的证词中寻找其犯罪行为的人失望了。但他们不应忽视一点，那就是高盛的听证会还是有益的，因为它揭发了发生在灰色地带的称不上犯罪的行为。

《经济学家》写道："听证会没有拿出确凿的证据，但是有许多情况却对高盛公司不利。即使是它最坚定的支持者也承认对于局外者来说它的利益黑暗复杂。"[18]

主席莱文表示：

当然，没有法律、伦理准则或道德禁令能与利润抗衡。但高盛不单纯只是赚钱，它通过利用其客户的合理预期——高盛不靠出售产品成功，公

## 第二章 金融胡作非为

司和承诺为其服务的客户之间没有经济利益的冲突——……当客户做得很好时,高盛做得不好,而高盛做得很好时,其客户却赔了钱。高盛的行为带来了对整个华尔街职能的质疑,因为其习惯上被看作是经济增长的引擎,大家都希望美国经济增长,而不是衰退。[19]

麦克莱恩和诺切拉在其著作《所有的魔鬼都在这里》中写道:"很难找到欺骗、贪赃枉法与彻底腐败之间的界限,在危机中发生了很多不道德、不公平、懦弱以及妄想的行为,但这并不是犯罪。"[20]

2010年7月15日,即在莱文听证会三个月后,高盛同意支付5.5亿美元,并同意"变革其业务操作,以解决证交会指控高盛在美国住房市场开始崩溃时用次级抵押产品误导投资者的问题"。证交会的一份新闻稿引用了其执法部门副主任洛林·L.赖斯纳的陈述:"这桩诉讼以及今天高盛的改革和赔偿结果均已确凿无疑地表明,交易中半真半假的行为都是无法容忍的,证券市场的廉正性取决于所有市场参与者对真实、诚信等要求的毫不妥协地坚持。"[21]

在听证会结束后,高盛告诉前纽约联邦储备银行主席杰拉尔德·科里根,美国证券交易委员会(SEC)提出的整改方案是高盛对其内部业务进行面面俱到的检查,修改并重新发布其核心原则。还好高盛提出的这些新原则重申了为客户服务的首要地位。

我们永远把客户的利益放在首位。经验表明,如果我们为客户提供优质的服务,我们的成功就会随之而来。[22]

令人不解的消息是,这些原则与高盛前首席执行官约翰·怀特黑德在几年前写的一模一样,而且在Abacus交易即将推向市场的该原则据说要成为公司的真正发展方向。

对于老布鲁斯·本特和他的儿子布鲁斯·本特二世而言,他们最终都被SEC指控诈骗,原因是未能在主权储备基金暂停赎回之前提供"重要事

17

实",并从事"有计划的欺骗和隐瞒公众的活动"。[23]

美国证交会称:"他们把自己的财富和声誉置于基金及其股东利益之上。"[24]

这些指控简明地描述了本书中所指的失败的管理。

## 插曲
### 占领华尔街过于富裕和过于贫穷

> 9月17日,一次群龙无首的民主运动开始在美国纽约市的金融区安营扎寨。受埃及解放广场起义和西班牙革命的影响,我们发誓要结束我们腐败的民主制度。
>
> 来源:www.occupywallstneet.org.

抗议运动在2011年秋季开始于曼哈顿下城的祖科蒂公园,后来抗议蔓延到华盛顿、洛杉矶、旧金山、芝加哥、西雅图甚至明尼阿波利斯。这些抗议是一系列群龙无首的、弥漫性的、无政府主义的媒体聚会。他们没有一致的消息发布且没有理解金融机构在经济中的作用,因此可能很难被人们所重视。

一位参与者因安德鲁·杰克逊对待印第安人的行为,希望将其头像从20美元的钞票中删除。另外一个来自佛蒙特州的人告诉记者,他想"摆脱燃油发动机"。[25]

但在美国参议院的"高盛和垃圾"的听证会过去两年半后,抗议者还在打着"让银行支付"的标语四处游行的行为并不是一个笑话。喜剧演员罗珊娜巴尔在接受记者采访时对新闻主播说的,她"主张严苛的监管"。[26]

如果"占领华尔街"存在持久影响,那么它与华尔街上演的舞台剧的关系不大,更多的与我们最终要面对的另一场持续性危机的根源有关。那场危机,即收入和财富分配愈加不公平等,同样源于管理价值观和责任的丧失。(见第八章其他可持续性问题的讨论。)

安德鲁·罗斯·索尔金在《纽约时报》问道:"抗议者的诉求是什么?有时候很难辨别,但至少对我来说,信息是明确的:示威者正在探求日益加剧的经济不平等差距的原因和责任。"[27]

"占领华尔街"网站的一名投稿者写道:"有一点我们是相同的,那就是我们属于那99%的人,不再容忍1%的人的贪婪与腐败。"[28]

抗议活动开始三周之后,国际货币基金组织(IMF)公布的一份报告显示,收入不平等确实不利于经济的长期增长,这项研究是由安德鲁·伯格和乔纳森·奥斯特里完成并发表在 IMF 的《金融与发展》杂志上的。该研究通过分析1950—2006年世界经济发展的6个变量,发现收入分配相对于其他因素(包括贸易开放程度)而言,与可持续的经济增长更高度相关。研究发现"不平等程度每下降10个百分点……预期的一轮经济增长的时间长度将增加50%"。[29]国际货币基金组织(IMF)的研究很重要,因为它证实了自19世纪70年代末以来收入确实正在变得越来越不公平,诺贝尔经济学奖得主保罗·克鲁格曼(Paul Krugman)称这一时期为"大分流"时期。

到2010年,美国收入最高的20%的人群,其收入占国家收入的一半,其中收入最高的1%的人群获得了这些收入中的一半。与1968年的历史性低点7.69:1相比,现在收入最高的20%人群和收入最低的15%的贫困人口的平均收入的比值为14.5:1。

据《赫芬顿邮报》报道,"美国的收入不平等水平与其他发达经济体相比,实际上更接近俄罗斯和伊朗的收入分配水平"。[30]资金经理出身的社会评论员杰里米·格兰瑟姆指出,"个人收入的增长一直很缓慢"。[31]

"美国仍在继续其奇特但历史悠久的发展态势:丰厚的经济收益流向企业和基本上不用工作的富人……我们的收入分配……持续不合理,从这一点来讲，我们已经成为一个最不平等的发达社会。"[32]

收入不平等是对经济持续增长和民主政治体制正常运转的诅咒，因为这两点都依赖于合理的利益分配。

如果我们不解决日益加剧的不平等，那么此次高科技占领华尔街运动会与我们在一段时间以后将要面对的抗议相比要显得温和而又轻微。我们不需要去看埃及开罗解放广场的那次运动，我们只需要记住1965年发生在洛杉矶的暴动。

也许，路漫漫，但是，距目的地越来越近了。

# 第三章 管理的定义

## 首先哺喂你的羊群

管理是服务的选择。

——彼得·布劳克《在个人利益之上选择服务》

管理对不同的人有不同的含义。在现实中，这个术语被频繁和广泛地用于为年度筹款提供理由。那些使用它的人经常指出其犹太基督教的起源。

- "地球是上帝的，世界及所有住在地球上的万物都是上帝的。"（诗篇24:1）
- "你的灵魂是主的，天空、大地和世间万物均是主的。"（申命记10:14）
- "天下万物都是我的。"（约伯记41:11）

在其他经文中，对那些不履行管理职责的人也有一些告诫，在《以西结书》34:2中："祸哉，以色列的牧羊人只照顾自己而不照顾羊群。"[1]

然而，对管理也有一个非常世俗的定义。作家彼得·布劳克写道："管理是保管某物以换得对另一物的保护。从历史上看，管理是当那些按理来说应承担保卫职责的手段不能施行时，保护王国的方式。"[2]《韦氏大字典》将管理定义为："对被委托的事务的谨慎负责任的管理"。[3]

所有这些定义只抓住了管理的一部分要点，但最终还是遗漏了其中心特点，而恰好是这一点使得管理重要到成为加强并巩固我们金融体系的核心原则。阿尔·瓦特在《领航诚信》中写道：

> 我们通常认为的管理是对别人托管给我们的资源和事务尽到一个监管者的角色……然而，如果我们有"全景"的想法，就会发现问责制要求我们采取更广泛的视角来看我们的管理职责。[4]

作为一个基本原则，管理与这一命题紧密相关；即一个人的真正目的，乃至我们的组织和社会的最终目的，都是服务他人。

彼得·布劳克写道："管理是服务的选择。"[5]

在这里，我们回顾一下 Piper Jaffray& 霍普伍德公司鲍比·派珀的关于管理使命的描述："我们以为客户服务作为我们的基本宗旨。我们确信服务是我们的增长及盈利的主要贡献来源。"

## 不可能完成的任务

具备为他人服务的能力的一个必要前提是使自我利益居于次要位置的能力，做不到这一点，你必须至少能够平衡自身利益与他人利益。在考克斯圆桌会议上，全球执行董事斯蒂芬·杨写道："服务是一种道德行为，使自我服从于自我之外的东西。"期待金融服务管理人员和他们的公司一致谨守一个纯粹的为他人服务的美德是一个不可能在短期内实现的任务。正如斯蒂芬·杨所说，"当服务的美德对我们说话时，它的声音可能太微弱，以至于我们听不到"。但是，"由于对利益的呼求支援了美德，我们对实现美德和利益共同要求的目标的决心变得更加强大了。"斯蒂芬·杨解释了他所谓服务的美德和自身利益之间的"重叠区"，"如果在寻求满足自身需要的同时能越多考虑别人的需要，那么自身利益和美德之间的重叠就越大"。[6]

## 第三章　管理的定义

斯蒂芬·杨同时也引用了托马斯·里德的名言，"在集体利益基础上考虑自身利益"。[7] 里德是一个苏格兰人，在1776年接替了亚当·斯密在格拉斯哥大学道德哲学院的教职。

"在集体利益的基础上考虑自身利益"是我见过的描述真实世界管理原则最好的语句，而这样的管理原则可以加强和巩固金融服务行业。它回应了在国会关于金融监管改革的辩论中，总统奥巴马的白宫国家经济委员会主任拉里·萨默斯的警告。他对一群金融服务业高管说道："你们这些人必须证明你们愿意并且有能力经营好企业并关注做什么对国家利益有好处。"

在这种背景下，管理意味着承担责任。为他自己行为，为他所领导他所处的行业对整个社会的影响承担责任。

你们这些人必须证明你们愿意并且有能力经营好企业并关注做什么对国家有好处。

——拉里·萨默斯

此种管理理念与利益仆人式领导有许多相似之处，"仆人式领导"是由已故的罗伯特·K. 格林利夫在1970年的一篇文章《仆人领导》中创造的一个术语。格林利夫出生在印第安纳州的泰瑞豪特，在其职业生涯中有近40年是在美国电话电报公司工作。后来格林利夫还担任了一些机构的顾问，包括俄亥俄州立大学、麻省理工学院、福特基金会、理查德国王梅隆基金会、米德公司、美国管理研究基金会以及礼来基金会。1964年格林利夫创立了应用伦理学研究中心，即现总部设在印第安纳州的罗伯特·K. 格林利夫中心。格林利夫修订了他在咨询生涯中关于仆人领导理论的一系列文章和书籍，其目的是激励人们的思想和行为，以建设一个更加美好并充满爱心的社会。[8]

格林利夫所构建的仆人式领导强调领导者要坚定信念，不管他们做什么，他们都要为别人服务。

"仆人式领导，像管理一样认为致力于服务他人的需要"是第一要务，格林利夫研究中心前主任拉里·斯皮尔斯写道，"真正的领导者一定是从那些首要动机是希望帮助他人的人中出现。"[9]

我知道，每当我担任新的领导角色，我都被渴求帮助别人的感觉激励着。我认识到我的责任是为了委托人的利益而尽我所能有效地领导、管理和运营该组织。在2005年，当我成为美国RBC财富管理公司的首席执行官时，我的委托人是个人投资者客户、员工和股东。在2009年，当我被选为证券业和金融市场协会（SIFMA）主席时，我的委托人是证券交易商及资产管理公司。在所有情况下，我都认为为了更广泛的委托人的利益，领导、管理和运营组织是我的责任，这与仆人式领导是一致的。正如作家拉里·斯皮尔斯在他的文集中提到的关于格林利夫的哲学：

格林利夫的观点是，所有机构的总裁、员工、主管及受托人，在坚守机构的信用、建设更美好的社会中都发挥着重要作用。[10]

管理也十分符合信托责任的概念，信托责任这一术语被广泛传播，但人们对其含义的理解却没有形成明确或一致意见。就管理而言，受托人的心态需要一种对他人的义务感。斯蒂芬·杨在其著作《道德资本主义》中写道："受托义务可以使我们随时以负责的心态警惕手中权力的滥用。"[11]斯蒂芬·杨继续提出，道德责任感是"管理、代理、信托承诺"的共同特点，是"基于自我和他人互惠互利的视角"。[12]

## 目的性

管理、仆人式领导和信托责任的主要特征是拥有一个强大而持久的目标意识。它是一种能力（我称之为目的性），即对目标意识保持关注并诚

## 第三章 管理的定义

实对待。或者换句话来讲,"认识到足够多的选择目标,选择正确的目标并持之以恒地追求这一目标"的能力。[13]

阿尔瓦在《领航诚信》中提到了当今世界的领导者被迫应对的压力。他们需要跟上时代日新月异的步伐,同时由于技术革新缩短了几乎每一个业务流程的时间,他们将在每天做越来越多的决定。在这样的环境下,他写道:"竞争和市场的压力是经济增长的驱动器,投资者的期望或细微的管理疏忽都会使其难以保持'使命',除非大家都非常清楚我们的宗旨和价值观。"[14]这在许多行业是正确的,但没有比金融服务业更适合的了,市场可以一夜之间改变,三个标准差事件的发生破坏了规律性,上市时间和新想法的生命周期不是在几年而是在数天或数周内被估量。在那样的环境中,阿尔瓦引用《目标》的作者 Nikos Mourkogiannis 的话,"目的是好和伟大之间的区别"。

阿尔瓦用帆船上的龙骨完美地比喻了目的性的特征,"即使在波涛汹涌的大海,它也可以使我们在迷失后找回正确的方向并一直保持下去"。[15]

管理的其他属性包括:

### 谦 卑

正如彼得·布劳克在他的著作《管理》中所说的,"领导中包含骄傲,它让人想到方向。管理中有谦卑,它让人想到服务"。[16]

道格·莱尼克和弗雷德·基尔在《道德智慧2.0》中告诉我们,"掌舵那些伟大公司多年的领导人都有一个共同的特点——谦卑"。[17]

罗伯特·W.贝尔德公司的董事长、总裁兼首席执行官保罗·珀塞尔引用斯坦利·奥尼尔于2002—2007年在美林任首席执行官期间的一个案例来说明,由于傲慢和缺乏谦卑导致了"我的一生中因监管失败造成的最坏的例子之一"。[18]

在 2004 年的演讲中,奥尼尔告诉霍华德大学的学生,"这是一个'有'和'没有'的世界,如果你想有所作为,它有助于成为一个'有'"。[19]在美林持有的有抵押贷款担保证券(MBS)导致了公司历史上最大的损失之后,奥尼尔黯然离职,而一项估计为 1.59 亿美元的支出起到了缓解作用。

珀塞尔在一次会谈中告诉我,"美林是世界上最大的特许经营的公司之一,这实际上是很能防范风险的,但奥尼尔将资产负债表充满了抵押贷款,使之成为可以随意夸大的纸面文章——仅仅是因为他想战胜高盛和 J. P. 摩根!"[20]

## 问 责

管理的一个构成要素是"对机构的后果高度负责"的意愿。[21]换句话说……"责无旁贷"的伦理道德观。事实上,正如斯蒂芬·杨所建议的,有效管理的要求可能是"我们认为自己在担任一个职位。"[22]

在资本市场我们始终在扮演一个角色。在那个位置——无论是买方或卖方,工人或投资者——我们要诚实可靠,并在整体利益的基础上保证自身利益。[23]

斯蒂芬·杨使用了社区的概念,并建议我们在采取某项行为时应考虑其对我们邻居的影响。他接着问道:"那么谁……是我的邻舍呢?答案似乎是——那些直接并且深受我的行为影响的人,当我内心的作为或者不作为思想被质疑时,我理应让他们在这种影响下思考。"[24]

如前所述,问责制意味着了解我们的行为对他人的影响并承担责任,而此处他人的定义应尽可能的广泛。

## 第三章　管理的定义

### 深谋远虑

有效管理需要我们做两件事情,这两件事已经被武士出身的禅宗哲学家宫本武藏指明:

1. "看远处的东西,因为它们是接近的。"
2. "看近处的东西,因为它们是遥远的。"[25]

罗伯特·格林利夫说,深谋远虑是领导者的核心素质,这点至关重要,如果我们要有效管理代表委托人利益的组织,那么领导者要"看到未来的事件……在其他人看到它们之前"[26]这是武藏建议的第二部分"看近处的东西,因为它们是遥远的"。格林利夫指出,严重的道德妥协往往是因为在过去没能预见当前并采取正确行动。由于发起行动的余地已经被缩小而只剩下糟糕的选择,所以其结果可能是道德上错误的选择。[27]

而武藏建议的第一部分,被土著美国人称为"第七代思维","看到我们今天的决策和行动对未来的影响能力,'距离'可以代表许多英里或许多代人"。[28]

易洛魁族人的谚语告诫我们"为了所有人的福利去看去听,不仅要看当前,而且要看子孙后代……看未来的未诞生的民族"。[29]

这个思想所体现的今天的行动(或不行动)对后世的影响的观念对于监管体系至关重要。

### 诚　信

约翰·C. 博格尔说:"如果你没有诚信,不应该也不会有人相信你。"[30]

信任是人类互动的核心,这一点对金融市场的运行尤为重要。"不讲信用，市场将无法存在……如果欺骗、不信任和违约占上风的话，市场将萎缩，将出现以货易货和经济萧条的情况。"斯蒂芬·杨写道。[31]

道格·莱尼克和弗雷德·基尔在《道德智慧》一书中写道："诚信是具有道德智慧的人的标志。"他们引用中国谚语，"饿死是一件小事，但失去诚信则是大事"。[32]

信任是人类互动的核心。这一点对金融市场的运行尤为重要。

前美敦力公司首席执行官比尔·乔治在《真实领导力》中写道："我们的资本运行制度是建立在信任的基础上，我们相信公司的领导者和董事会将会管理好他们的资源。"[33]

## 目的性、谦卑、问责、深谋远虑、诚信

当我们回想在2008年和2009年期间那些最大的金融机构的领导者的行为时，这些词语并没有浮现在脑海中。只需要读读查理·埃利斯的描述，"某些因素"对"任何伟大的公司"都"至关重要"，就知道在参议员莱文的听证会上高盛有多大程度偏离了其管理价值观。埃利斯将这些因素写在他的著作《高盛帝国》里，这本著作写于金融危机爆发前。

在每一个伟大的公司某些因素一定是很重要的：能够长期服务的忠实的"仆人领导"；在薪金和权力方面的功绩体制；标准不一的客户服务；特有的高级专业和道德标准；始终强调卓越的职业标准；一个坚定的企业文化；在长期价值观、政策、观念和行为方面的坚持胜过短期的盈利"机会"。[34]

显而易见的问题是，是否有可能在金融危机前几年和危机期间让这些管理原则在我们重要的金融机构中流行。另一个关键问题是：如果管理原

## 第三章 管理的定义

则在过去就盛行,那么现在事情是否会不一样?事实上,这正是加拿大的银行系统正在发生的事。现在让我们来研究一下看看加拿大的经验是什么以及为何与美国及其他发达国家是如此的不同。

## 插曲
### 贪婪,无耻的贪婪

在全球性银行瑞银集团首席执行官奥斯瓦尔德·格鲁贝尔辞职前夕,该集团的一个"流氓交易员"造成了23亿美元损失的信息被披露。詹姆斯·B. 斯图尔特在《纽约时报》上发表了题为"流氓——瑞银的文化"的文章,批评银行管理的失败。[35]

"金融危机及其余波已经证明了世界上大多数银行的不负责,在很多方面,瑞银的行为尤为突出。"詹姆斯在《纽约时报》上写道。

- 瑞银就其允许"雇员恶意操纵政府债券衍生品价格市场"同意支付1.6亿美元的罚款。

- 瑞银"在最近臭名昭著的逃税案件中的突出角色"是为大约"17 000名美国富人"建立秘密银行账户,使他们逃避所得税。因此,瑞银受到刑事起诉的威胁,并"同意支付7.81亿美元的罚款和披露账户持有人的姓名,这种行为有效地结束了瑞士银行具有悠久历史传统的保密制度,促使美国纳税人匆忙去向美国国税局交代"。

- 在2008年,瑞银"激进的且命运多舛的有抵押贷款担保的证券业务崩溃了",此事件被描述为"银行业历史上最严重的失误之一"。因此,"瑞银承担了惊人的380亿美元的损失,而这则必须由瑞士政府帮助解决"。

对瑞银2008年冻结拍卖利率债券(ARS)市场的行为,《纽约时报》

给予了最尖刻的批评，《纽约时报》记者斯图尔特非常熟悉此事。拍卖利率债券（ARS）是由国家、地方政府部门和不以盈利为目的的机构（如给学生贷款的金融机构）还有封闭式共同基金发行的长期债务或优先股。ARS 是一个低利率的融资来源，其利率被定在一个相对较短的时间内，通常为 7 天至 30 天，到期时，投资者可以告诉他们的经纪人，他们希望其持股。作为市场交易商，如瑞银，会设定一个使市场出清的利率水平，尽力将 ARS 拍卖给新投资者。

在 2008 年初，金融危机刚开始的时候，ARS 市场被冻结，持有长期债券和优先股的投资者在一夜之间几乎全部陷入困境，因为投资者没有办法将其 ARS 转换为现金。

"接着监管机构介入并指控了瑞银的不当行为"，《纽约时报》写道。

2008 年 8 月，时任纽约总检察长的安德鲁·库默（Andrew Cuomo）指控瑞银结算所的高管在知晓市场即将崩溃的情况下误导消费者，销售他们所描述的几乎无风险的 ARS。市场冻结后，投资者无法出售证券，于是监管机构起诉，瑞银同意偿还 194 亿美元并支付 1.5 亿美元的罚款。[36]

瑞银不是唯一出售 ARS 的银行，也不是唯一一家赔付客户的银行。

对瑞银案指控的重点是其高层官员在知道市场即将崩溃的情况下，仍将其库存转移给不知情的客户。时任瑞银市政证券的全球主管大卫·舒尔曼在其电子邮件中将证券描述为"信天翁（包袱）"，并告诉银行"动员人员"，还补充说"现在我们面临转移库存的压力"。舒尔曼甚至在市场崩溃前从自己的个人账户中出售证券。在随后的内幕交易指控的解决方案中，舒尔曼同意支付 275 万美元。库默表示，"与成千上万的瑞银客户没有收到 ARS 市场将遭遇风险的警告相比，公司的顶级高管大卫·舒尔曼却通过内幕信息来拿钱走人"。[37]

## 第三章 管理的定义

让我们将瑞银在 ARS 市场中的行为与罗伯特·W. 贝尔德公司相比较，该公司是集区域投资银行、经纪公司和资产管理公司为一体，总部设在威斯康星州的密尔沃基。贝尔德公司是员工持股，由董事长、总裁兼首席执行官保罗·珀塞尔管理，他因推广其管理思想而闻名于业内。

珀塞尔告诉我："当 ARS 市场冻结后，我们第一时间去见我们的客户并对他们说，因为我们没有资金买回你所持有的控股，所以现在还不能做到让你毫发无损，但是，如果你给我们时间，让我们为此而工作，我们向你保证，我们不会亏钱，你会得到你投资的回报。"

贝尔德向面临流动资金风险的客户报价，借钱给他们，并与其持有的 ARS 捆绑，使利率与其支付的 ARS 相匹配。换句话说，净利息成本为百分之零。

"成功了。最终，我们买回了客户持有的 1.6 亿美元的 ARS。我们没有被起诉，我们的投资者无人赔钱。对这件事情，我很自豪。"珀塞尔说。

当我问珀塞尔，ARS 危机是否掩盖了在金融服务行业中存在的更大的监管失败，他将所有的问题和盘托出。

"当然，毫无疑问，我们这个行业已经迷失了方向。不仅是大公司，而是公司越大，他们越重视推出专利产品，寻找各种赚钱的交易方式（结构、销售、对冲交易），但损害了他们的客户。"

珀塞尔说："这是贪婪，无耻的贪婪。"[38]

# 第四章　世界上最安全的银行体系

加拿大，瑞士

> 加拿大的银行高管用"我们"这个词确实比美国高管多。
>
> RBC前首席战略官，克里斯·克罗斯比

2011年1月，我参加了在多伦多召开的加拿大皇家银行（RBC）股东年会。年会在洞穴状的多伦多会展中心举行，距银行总部仅几步之遥，沿着安大略湖北岸的前街直走即可抵达。RBC不仅是加拿大最大的金融机构，而且是我工作的机构，从2001年以来我就在美国RBC财富管理公司工作。而位于多伦多的RBC正是其母公司。美国RBC财富管理公司的总部设在明尼阿波利斯，其前身是美国戴恩劳舍尔经纪公司。

我是一个和加拿大有着很深个人渊源的美国人。我去多伦多是为了更好地了解我的母公司RBC怎样在财务和管理方面取得了骄人业绩。在世界各地成千上万的金融机构面临破产或濒临倒闭的同时，RBC却创造了巨额利润，并坚定地承担了财政责任。这一点让人印象更为深刻。在我被任命为首位加拿大银行高管并主持美国金融贸易集团、美国证券业和金融市场协会（SIFMA）的过程中，我的母公司这个令人羡慕的纪录也发挥了重要作用。当然，我所执掌的RBC在美国设有总部，并且我是个美国人，这两点也对我的任命有所帮助。

在2011年的金融业年度会议上，当许多全球性金融机构仍在步履蹒跚的时候，RBC却创造了在2011年财政年度第一季度盈利1.84亿加元

## 第四章 世界上最安全的银行体系

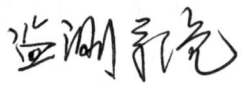

的纪录，而且下属银行连续七个季度的现金收入均超过10亿美元。同时，RBC首席执行官戈登·尼克松告诉股东们，RBC即使在进一步紧缩银根的新标准下也坚如磐石。RBC一级资本比率为13.2%，[1]我们预计其能完全符合《巴塞尔协议Ⅲ》提出的更严格的国际银行业资本金要求，即使在该协议规定分阶段实施的时间表的数年之前执行，RBC也不需要额外筹集资金。

如果那对股东来讲还算不上好消息的话，尼克松还宣布了RBC将维持每股2.00美元的股息。除了经济大萧条期间被削减两次以及第二次世界大战期间被削减一次以外，RBC自1925年以来就一直稳步增加股息且没有中断过股息的支付。

在金融危机期间，RBC和其他加拿大银行抵抗危机并持续创造利润的能力在加拿大众所周知，因而也成为银行自豪的一个因素。多伦多一家优秀的资本投资公司，汉密尔顿资本合伙人公司的管理合伙人罗伯特·维瑟尔说："在过去的三年里，加拿大监管机构一直被赋予胜利的光环。"[2]

其他人也注意到了。

在奥巴马当选美国总统后不久，他就前往加拿大总理斯蒂芬·哈珀在渥太华的住处，这是他第一次访问外国元首。在那里，奥巴马表达了他对加拿大银行系统的钦佩，他说："我认为加拿大已经表明自己是金融体系和经济运行的一个很好的管理者，而我们却并不总是这样。"[3]

加拿大银行体系被世界经济论坛连续四年（2008—2011年）授予世界最稳健的金融体系称号，[4]在130多个国家中，加拿大排首位。

在2010年初，《金融时报》将加拿大银行体系描述为"在一个中等规模的、先进的资本主义经济体内运行的一个真实实时的世界"，并接着说，"对加拿大银行体系成功原因的学习是使其他西方国家银行体系同样强大的关键"。[5]

国际货币基金组织（IMF）也给予加拿大银行高度称赞。它在对加拿大的金融稳定性评估中写道:"加拿大的金融体系成熟、复杂,但管理完善,其合理的宏观经济政策和严格的审慎监管是金融稳定的基础。它的存款保险制度和应对危机管理以及对失败处理的预案也是精心设计的。"[6]

有前瞻性的客户告诉加拿大银行的一个 CEO,"加拿大已经成为新的瑞士"。似乎是为了证明这一点,在 2011 年,加拿大银行行长马克·卡尼被任命为瑞士巴塞尔金融稳定委员会主席,这是一个包括所有主要 G-20 国家的国际机构,是一个超国家组织,负责监管全球金融体系并提出建议,我们将在下一章中详述。

"对加拿大银行体系成功原因的学习是使其他西方国家银行体系同样强大的关键。"

——《金融时报》

加拿大是七国集团中唯一一个在金融危机期间不需要政府救助银行的国家。这在图 4.1 可以看到。加拿大银行在 2008 年和 2009 年仍保持盈利,甚至没有银行削减股息。2009 年美国有 140 家银行倒闭,到 2010 年有 157 家。[7] 追溯至 20 世纪,美国金融机构倒闭的数量是数以千计的。而在同一时期,加拿大只有 3 家银行倒闭:约占加拿大银行体系总资产 1% 左右的加拿大家庭银行于 1923 年倒闭;北国银行和加拿大商业银行在 1985 年倒闭,而这两家银行的总资产加在一起约占银行体系总资产的 0.75%。[8] 显然,加拿大银行有一个保守的风险偏好(见图 4.2)。

2005 年到 2010 年期间,美国和英国银行股东的总回报率与加拿大银行相比,就不免相形见绌了(见图 4.3)。

2011 年 8 月是金融股市自 2008 年以来最极端的波动期,加拿大银行股价再次超越全球其他同行。与美国主要银行平均下降 18% 和欧洲银行平均下降 30% 相比,加拿大银行股价只下降了 4%。[9]

加拿大银行的实例表明,有可能设计这样一个银行系统,能够承受在

第四章　世界上最安全的银行体系

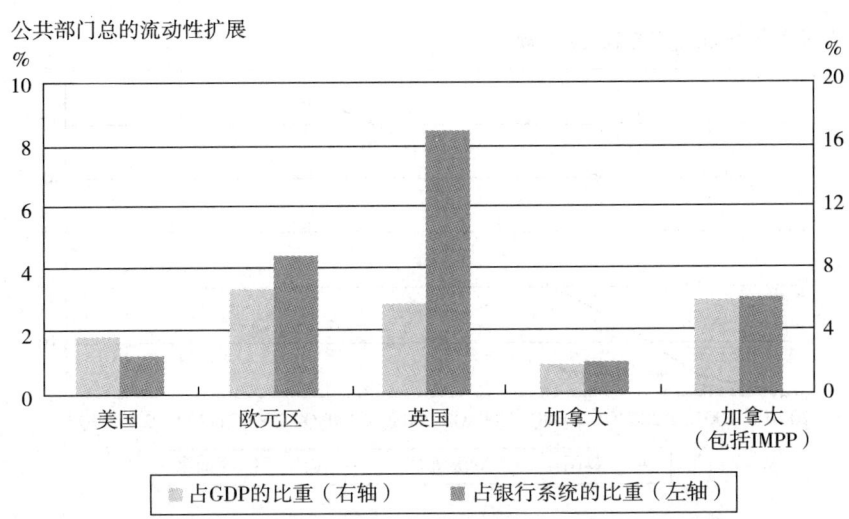

注：流动性扩展指各国中央银行提供流动性的操作，及与其他中央银行的外币互换，但不包括直接的债券购买。

资料来源：加拿大银行，美国联邦储备委员会，英格兰银行及欧洲中央银行。转载已经加拿大银行的许可。最初刊登在：《加拿大与经济危机：我们的业绩和近期前景》，约翰·默里，2009年9月15日，第26页，www.bankofcanada.ca/wp-content/uploads/2010/03/presentation_murray150909.pdf。

图 4.1　加拿大银行政府救济较少

2008年和2009年其他发达国家带来的巨大压力，即使该系统明确主要由大而不倒金融机构组成。6家银行在加拿大经济中居主导地位，存款占银行体系的90%。[10]这些银行是加拿大皇家银行（RBC）、多伦多道明银行（TD）、加拿大丰业银行（Scotiabank）、蒙特利尔银行（BMO）、加拿大帝国商业银行（CIBC）和加拿大国家银行，这6家银行总部大多数设在多伦多中央商务区。6家银行中有5家银行的利润排名位于加拿大前十大公司。[11]

加拿大的成功对我们所有人来讲是充满希望的正能量。

我们需要了解哪些具体因素促成了加拿大银行一如既往的稳定性和抗

管 理 职 责

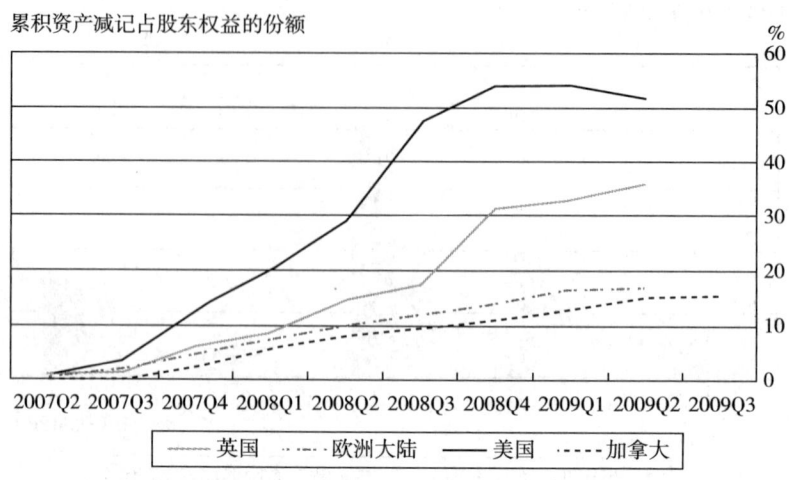

资料来源：彭博和银行的财务报表。转载已经加拿大银行的许可。最初刊登在：《加拿大与经济危机：我们的业绩和近期前景》，约翰·默里，2009年9月15日，第26页，www.bankofcanada.ca/wp-content/uploads/2010/03/presentation_murray150909.pdf。

**图4.2 加拿大银行说没有风险**

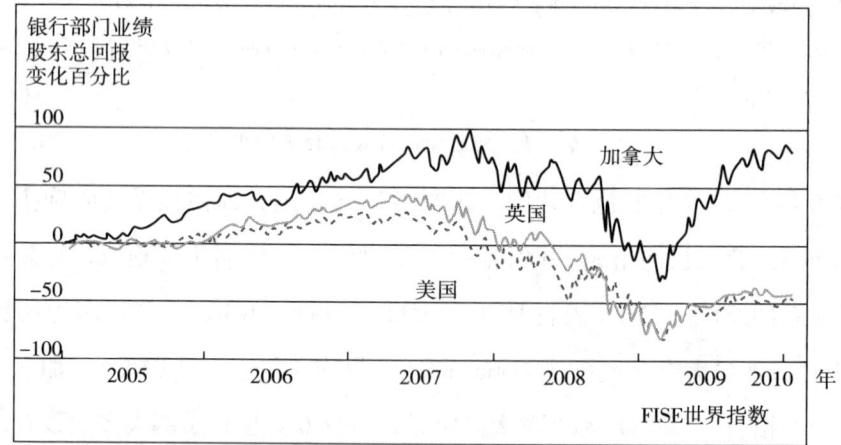

资料来源：金融时报，2010年1月29日。

数据来源：托马斯路透社的Datastream数据库。

**图4.3 多伦多能教给纽约和伦敦什么**

36

压能力,并进一步了解这些因素中哪些可以被其他国家的银行系统所借鉴。

评论家通常用以下几个关键因素来解释加拿大银行业在2008年金融危机中保持稳定的原因,并解释为什么加拿大银行不需要政府救助。

- 稳定的加拿大住房金融体系和高质量的加拿大抵押贷款市场;
- 一个单一的占主导地位的联邦监管机构,以管理核心原则为基础的监管方法;
- 较高的资本充足率和较低的财务杠杆比率;
- 提供稳定的零售存款的资金结构和全能银行模式。

## 高质量的抵押贷款市场

加拿大抵押贷款市场的运作模式是所谓的从发起到持有模式,而不是从发起到出售模式或证券化模式。这意味着加拿大银行持有大部分房屋所有者的抵押贷款而不是将其打包并出售给第三方投资者。

从1970年到2007年,加拿大银行抵押贷款资产的市场份额从10%上升到69%,其中几乎都是优质抵押贷款。而在同一时期,美国存款机构占美国银行抵押贷款资产的比例却从75%下降到了30%。[12]

这种模式的优点是,加拿大的承销标准比美国和其他国家更为严格。例如,抵押贷款在加拿大有完全追索权,借款人的支付义务超出了他们房屋的价值,这一点并不奇怪,因为,作为贷款的持有人,银行完全承担了那些贷款的风险,而其结果是加拿大银行的资产负债表表现出更少的次级抵押贷款和更少的不良贷款。2009年3月,美国逾期90天及以上的抵押贷款超过了3.5%,而在加拿大这一比例则小于0.5%。[13]

这种模式的缺点是,由于银行无法运营这些未经证券化的贷款,所以加拿大住房金融体系的借款人不能获得长期的固定利率贷款。如果借款人选择预付,预付款项则存在被完全违约的可能性。加拿大的抵押贷款一般有 30 年的条款并允许在 30 年中分期偿还,其利率通常也是可变的,利息率被设置在 6 个月至 5 年期限,该期限过后可以调整,此外,按揭利息不抵扣税款。因为加拿大和美国的住房拥有率"几乎相同,大约占所有家庭的 68%"。所以,以上这些特性并不算得上缺点。[14]

## 以原则为基础的监管

加拿大由一个单一、政治独立、采取联合制、审慎的监管机构即金融机构监管办公室(OSFI)监督加拿大联邦特许银行。OSFI 通过制定和执行指导原则监管银行和保险公司。

不同于美国监管机构往往通过所谓的以规则为基础而不是以原则为基础的监管方法,OSFI 的监管重点往往是机构中存在的重大风险和风险管控措施。正如英国《金融时报》指出的,"这是关于实质内容而不是表面文字的监管"。[15]

多伦多道明银行首席执行官埃德·克拉克提出了一点差异:"在美国,广告词是,遵守我们的规则是你的责任;而在加拿大,你的责任则是正确管理机构。"[16]

"政府和银行之间的关系是积极的。"在 2008 年金融危机最严重的时候,加拿大财政部长詹姆斯·弗莱厄蒂告诉《时代》杂志,"我们的共同目标是建立一个健全的金融体系"。[17]

## 资本和杠杆比率

OSFI 在银行杠杆上强制引入了限制总资产与总资本的比率。这种限制介乎 20 倍至 23 倍之间,其中资产包括若干资产负债表外的业务,其确切

## 第四章 世界上最安全的银行体系

的比例由银行根据风险状况自行制定。[18]如图4.4所示，这些杠杆比率低于美国、英国和欧盟，这些国家在金融危机前的比率高于20倍但低于30倍。[19]2007年，美国五家主要投资银行的杠杆比率为40倍，[20]而那年年底，房利美和房地美的组合杠杆比率为75倍。[21]

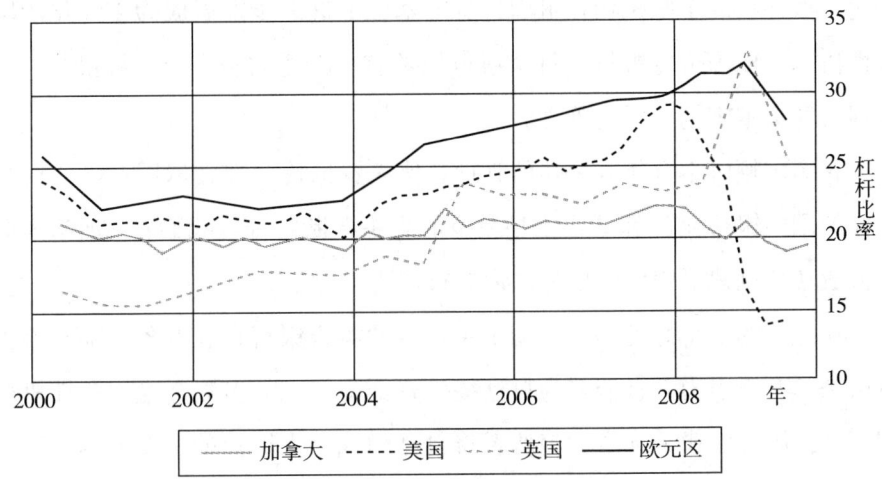

资料来源：彭博和银行的财务报表。转载已经加拿大银行的许可。最初刊登在：《加拿大与经济危机：我们的业绩和近期前景》，约翰·默里，2009年9月15日，第26页，www.bankofcanada.ca/wp-content/uploads/2010/03/presentation_murray150909.pdf。

图4.4 加拿大银行拥有较少的债务和较多的股本

此外，OSFI对加拿大银行支持其运行的资本量的要求历来高于其他国家。金融危机爆发后，OSFI更要求加拿大银行必须要达到7%的一级资本比率和10%的总资本比率。这些要求比《巴塞尔协议II》中强制国际银行分别要达到的4%和8%的要求更严格。同样重要的是，加拿大银行被要求存有一定比例的以普通股形式表现的一级资本，约75%，而《巴塞尔协议II》的要求是50%。[22]这意味着，对于每1.00美元的风险加权资产，加拿大银行必须要有对应0.05美元的股本，而一些欧洲银行的股本可能已经低到0.02美元。

39

## 资金结构

在过去的几十年里,加拿大的监管机构已经批准(有些人会说鼓励)经过多次并购的金融机构在巩固自身的基础上进一步发展成为多元化的国家性机构,成为全能银行。每个银行通常有三个主要业务:零售银行、批发银行和资本市场,财富管理。

汉密尔顿资本合伙人公司的管理合伙人罗伯特·维瑟尔用术语"堡垒一样的国内银行业"和"占主导地位的寡头垄断"告诉我们:"加拿大监管方成功地创建了强大的巨型国内银行。"[23]

这样做的一个好处是,凭借至关重要的零售银行存款业务,加拿大银行历来具有吸引力并且能够为自己提供资金支持。大多数金融服务性机构的一站式服务已成为加拿大消费者将自己的钱存入银行的重要诱因,其零售存款资金约占银行资产的65%,减少了黏性相对较小的批发融资的需求。[24]在2009年,国际货币基金组织(IMF)的一项题为"为什么加拿大银行更富有弹性"的研究中得出的结论是:高的存款资产比率是解释加拿大银行弹性的一个关键因素[25](见表4.1)。

表4.1 加拿大银行稳定的秘密:其资产有多少由核心存款支持

| 银行 | 国家 | 存款* |
|---|---|---|
| *12家最脆弱银行* | | |
| 1 房地产投资控股公司 | 德国 | 24.0 |
| 2 北岩银行 | 英国 | 28.7 |
| 3 德意志银行 | 德国 | 34.1 |
| 4 法国巴黎银行 | 法国 | 36.7 |
| 5 花旗集团 | 美国 | 37.8 |
| 6 苏格兰银行集团 | 英国 | 41.0 |

# 第四章 世界上最安全的银行体系

续表

| 银行 | 国家 | 存款* |
|---|---|---|
| 7 兴业银行 | 法国 | 42.0 |
| 8 锡耶纳银行 | 意大利 | 44.1 |
| 9 德克夏银行 | 比利时 | 44.9 |
| 10 挪威银行 | 挪威 | 45.4 |
| 11 丹麦银行 | 丹麦 | 46.3 |
| 12 德国商业银行股份有限公司 | 德国 | 47.0 |
| 其余样本 | | |
| 13 摩根大通公司 | 美国 | 47.3 |
| 14 巴克莱银行 | 英国 | 47.7 |
| 15 美国银行 | 美国 | 47.9 |
| 21 澳大利亚国民银行 | 澳大利亚 | 51.7 |
| 24 澳大利亚联邦银行 | 澳大利亚 | 53.4 |
| 26 汇丰银行控股公司 | 英国 | 54.9 |
| 28 瑞士信贷银行 | 瑞士 | 55.6 |
| 30 第一资本金融公司 | 美国 | 57.3 |
| 32 劳埃德银行集团 | 英国 | 58.7 |
| 33 苏格兰皇家银行集团 | 英国 | 59.3 |
| 44 美联银行 | 美国 | 62.8 |
| 46 瑞银集团 | 瑞士 | 64.1 |
| 48 富国银行 | 美国 | 64.4 |
| 51 加拿大皇家银行 | 加拿大 | 65.1 |
| 52 蒙特利尔银行 | 加拿大 | 65.2 |
| 54 澳大利亚新西兰银行集团 | 澳大利亚 | 65.4 |
| 57 多伦多银行 | 加拿大 | 67.9 |
| 60 加拿大帝国商业银行 | 加拿大 | 68.2 |
| 64 丰业银行 | 加拿大 | 71.4 |
| 68 西太平洋银行 | 澳大利亚 | 74.1 |
| 69 华盛顿互助银行 | 美国 | 74.6 |

注：*总资产中的存款。

资料来源：Lev Ratnovski 和罗科·黄，"为什么加拿大银行更具有弹性？"国际货币基金组织工作论文09/152，2009年7月，表4。

## 保守的文化

评论家们试图用另一个因素来解释加拿大银行体系的稳健表现，那就是文化。人们通常会注意到加拿大人天生的保守。克里斯蒂娅·弗里兰在《金融时报》上的一篇题为"多伦多可以教纽约和伦敦什么"的文章中引用彭博新闻社总编辑马修·温克勒的话说："加拿大人与霍比特人一样，他们不像美国人那样贪婪。"[26] 克里斯蒂娅·弗里兰还引用了加拿大多伦多道明银行 CEO 埃德·克拉克的话说，"相较于我们眼中的他们，美国银行家认为他们更重要"。文章接着说道，"在克拉克看来，加拿大文化对 CEO 的狂妄自大予以了有力限制：'加拿大是一个更加平等的社会，加拿大人不分等级。在美国，你可以让人们做一些事情。而在加拿大，你必须请求他们做一些事情——并希望他们会做！'"[27]

RBC 前首席战略官克里斯·克罗斯比说："这听起来像是套话，但它真的不是，加拿大的银行高管用'我们'这个词确实比美国高管多。"[28] 克罗斯比已经离开美国并在加拿大工作了 5 年。

"加拿大人与霍比特人一样，他们不像美国人那样贪婪。"

——马修·温克勒，彭博新闻社总编辑

我个人对加拿大文化的接触并不少。我的曾祖父，美国总统威廉·霍华德·塔夫脱，于 20 世纪初在蒙特利尔参加完一个家庭婚礼之后，在圣劳伦斯河北岸的 La Malbaie 小型度假社区购买了一个度假山庄。这个小镇距加拿大魁北克省省会魁北克市约 90 英里。受益于这份遗产，在 La Malbaie 我与我的家族成员们一起度过了我人生的前 20 个暑假，叔叔、婶婶及表兄弟几十人穿梭在所谓的"塔夫脱大院"。那时，三个房子中的两个是被塔夫脱总统的孩子所有：已故的曾担任过布林莫尔学院院长的海伦·曼宁和

## 第四章 世界上最安全的银行体系

已故的曾担任过俄亥俄州辛辛那提市市长的查尔斯·菲尔普斯·塔夫脱。我们是一个与加拿大有着紧密联系的美国家庭。在过去的10年中，我在RBC工作，同时管理着美国和加拿大的业务。我与一个土生土长的、会双语的魁北克女士结了婚，有两个会双语的继子女，虽然我会说法语，但我的继子告诉我，我说的远不够流利。我在加拿大第二大城市蒙特利尔有一个家。

在我看来，美国和加拿大之间有显著的文化差异。但只要把类似加拿大银行管理层的应变能力发挥出来，我相信这些差异会超越单纯的保守主义，在加拿大形成比今天美国更切实的管理作风。

总之，加拿大国家层面存在的团体意识在美国已经淡化和消失了。团体和管理就如同一枚硬币的两面，你不能有一面而没有另一面。在团体的工作和生活中其成员互相关心。团体成员之间越拥有强烈的责任感，该团体就会越有活力。

不幸的是，在当今美国，"团体生活的基石，大家庭、社交俱乐部、宗教组织等都在减少"。[29]其规模和社会道德成反比，有一些亲密的社区，需要和人关系来发展。团体越大，该团体中匿名的成员就越多，我们感受到的联系和为团体中其他人服务的责任就越少。

加拿大的人口规模相对较小，仅仅超过了3400万人，少于加利福尼亚州的3700万人口——从而促成了在国家层面有一个持久的团体意识。或许是加拿大银行系统的寡头垄断性质：每当加拿大六大银行的任何一位管理者透过窗户看到走在街上的每三到五人就有一名是其银行客户。这可能就是他们为什么表现得比美国同行更加负责任的一个原因。

加拿大国家层面存在的团体意识在美国已经淡化和消失了。

但无论出于何种原因，在金融危机前几年和危机期间，加拿大银行领导者的逆潮流是非常成功的。以CEO为主的管理团队和他们的董事会卓有成效地管理着他们的业务。美国总统助理拉里·萨默斯曾告诉证券业和金融市场协会董事会："关注做什么对国家的利益有好处"，加拿大银行高管们正是这么管理银行的。

## 插曲
### 美国人来自火星，加拿大人来自金星

RBC 在美国进行了两个重大收购后不久就发现，加拿大和美国的员工和客户之间存在重大文化差异是一个重要的管理问题。为了减少与美国的新员工之间的摩擦或误解，RBC 制定并散发了一份演示文稿（PPT），其目的是为了使高级管理人员对加拿大人和美国人之间的文化差异加深了解。这其中尤其引人关注的一个重要差异是加拿大人做的一切是为了避免错误，而美国人认为犯错是成功的必要组成部分。

美国人和加拿大人之间的深层次差异在一本名为《美国人来自火星，加拿大人来自金星》的书中进行了分析。[30] 加拿大人和美国人在文化、身份和价值观方面的差异表现与其在地理、气候和历史方面的差异表现紧密联系。该书的结论是，"从本质上讲，美国是一种男性文化，而加拿大是一种女性文化"。

例如，加拿大人重视亲切、温和、文明的社会，而美国人重视个人自由。加拿大人重视实用主义，而美国人重视理想主义。加拿大人重视和平、秩序、中产、生活质量、宽容、同情，最能代表加拿大人的动物是海狸，而最能代表美国人的动物是鹰。

加拿大人和美国人在对待风险的态度上也各不相同。

**加拿大**

- 决不会改变现存的行之有效的一切；
- "保持你已拥有的"比寻求更好的更受青睐；

## 第四章 世界上最安全的银行体系

- 未雨绸缪；
- 一点点的变化是最好的；
- 不作为是完全可以接受的行为过程；
- 除非你能承受损失，否则永远不要孤注一掷。

美国

- 不入虎穴，焉得虎子；
- 行动是救世主；
- 拖延是一种罪恶；
- 想做就做；
- 开始行动；
- 风险越大，收益越大。

更重要的是，这项研究描述了我们在本章中讨论的加拿大文化比美国文化更适合管理的特点。加拿大人认为他们的国家是一个地方，这个地方不仅是在物理空间上的术语，而是"世界上最好的地方"。因此，他们重视"保持他们所拥有的"。

这个演示将这个国家的能源描述为"冬季能源"，气候关乎生存。

- "冬天在温尼伯，如果仅仅因为你忘记了你的房门钥匙，你将被冻死。"
- "加拿大人依靠别人生存。"
- "在寒冷的气候下，相互依存是至关重要的。在加拿大，冒险则可能面临死亡。"

这就意味着对加拿大人来讲，"集体"比个人更重要。

而从加拿大人对时间的态度上，可以最明显地看出其监管能力。

- "当有疑问时，等等看。"

## 管理职责

- "等待往往是最好的做法。"
- "我们留在这里,所以我们可以等到我们想要的东西。"
- "我们的行为是为了我们的子孙后代。"
- "我们的时间跨度很长。"
- "我们已经存在了很长时间。"
- "我们将永远在这里。"

# 第五章　使体系更强大

在《多德—弗兰克法案》和
《巴塞尔协议Ⅲ》的保护下

此次危机最大的受害者也许是这样一种想法，即金融市场固有的自我修正机制可以保证将最好的结果留给自己。大多数发达国家经过几十年的放松管制后，现在金融正在进入一个重新加强管制的新时代。

——乔纳森·罗森塔尔，"束缚但未驯服"，《经济学家》

加拿大金融体系的运行方式是美国和其他发达经济体的金融体系所不具备的。问题是：美国和世界各地的监管改革将美国和全球金融体系向加拿大金融体系靠拢了吗？顺便说一下，当我谈到美国的监管改革，我指的是在2010年《多德—弗兰克华尔街改革和消费者保护法案》中制定的第235条规定，而当我谈到全球改革，我一般指的是《巴塞尔协议Ⅲ》中新的和更严格的对资本、流动性和杠杆的要求。这些变化最终将使美国和全球金融系统更安全、更健全和更稳定吗？我们的金融体系能够更好地承受极端事件所引发的初始压力和随后蔓延的威胁吗？

简短的回答是：还为时尚早。

明确的回答是：如果金融机构遵照新修订后的规则经营企业，那么这些规定的修改就有可能成为一个管理成功的案例。事实上，如果做对了，它可以作为解决我们所面临的其他可持续发展危机的一个案例。

社会发展的可持续性使人们坚信《多德—弗兰克法案》正在使世界变

得更美好。以下是可持续和负责任的投资论坛*对该法案通过的评论:"金融改革赋予拥有社会责任和可持续发展的投资者许多优先权。这一法案标志着多年来处于我们工作核心范围的关键原则被广泛接受了。参议院和众议院行动的结果会使金融市场、投资者和消费者变得更好。"[1]

不幸的是,以下对《多德—弗兰克法案》的更乐观的评估已经在混乱中迷失。

## 已经更安全和更稳健

让我们从回忆开始,在过去的几十年里,已经发生了很多事情让美国的金融系统变得更安全、更富有弹性。美国的金融机构已经募集了超过3 000亿美元的新股本,不良资产救助计划(TARP)也已偿付了美国纳税人在2008年和2009年的投资,而且目前利润估计已超过100亿美元。美国最大的银行已经将其杠杆率从16:1降到11:1,并且增加了约200%的贷款损失准备金,表外活动也已经大幅缩减。[2]

美国财长盖特纳在2011年7月,即《多德—弗兰克法案》颁布一周年时写道:"相对于危机前活跃和危机中受到重创的银行体系,美国的金融体系无论采用哪种标准来衡量,都拥有更强大的状态。"

盖特纳还强调了杠杆率的降低以及更强大的监管机构,具体体现在以下方面:

**1. 更低的杠杆**

"降低杠杆率是我们为减少未来危机所采取的一项重要举措。我们强

---

* 前身为社会投资论坛(SIF),协会成员包括美国参与到承担社会责任和可持续投资工作中的专家、公司、机构和组织。SIF和它的成员促进了涉及环境、社会、公司监管标准等方面的投资实践,以产生长期的有竞争力的资产回报率和积极的社会影响。

制那些最大的金融机构降低风险并持有更强大的金融缓冲以配合其作出的承诺。"

**2. 三倍以上的资本**

"我们的银行监管机构已就新资本标准达成全球性协议，要求世界性的金融机构持有危机前大约三倍的资本以应对风险。"

**3. 限制非银行金融机构**

"我们第一次有能力扩大对这些机构风险的限制，即使他们不能称之为银行，但他们的失败仍可能造成灾难性的经济危机。"[3]

"相对于危机前活跃和危机中受到重创的银行体系，美国的金融体系无论采用哪种标准来衡量，都拥有更强大的状态。"

——美国财政部长，盖特纳

几乎每个参与了监管改革的人都同意以下两件事：（1）有必要对全球金融体系实行监管（附录A中包含一个我所读过的关于金融服务监管案例的最简洁的总结）；（2）监管的基本法律在2008年和2009年之前是不充分的。毕竟，这些基本法律的主要方面是在20世纪初建立起来的，而自20世纪20年代，30年代，40年代以来，金融体系已经发生了巨大的变化。

爆发危机以来，美国的金融体系就受危机时期的法律监管，这个法律体系创建了我们的基本监管机构。这些20世纪30年代的机构在接下来的80年里履行了它们的使命。华盛顿组建的一系列新的主要由政府部门组成的机构是今天我们的金融市场形成的根本基础。20世纪30年代的基本法律与今天的存在形式几乎相同。为：

- 1933年的《证券法》要求，由公众持股的公司须明确披露相关信息；
- 1933年的《银行法》创建了联邦存款保险公司；
- 1934年的《证券交易法》创建了美国证券交易委员会；
- 1935年的《银行法》使联邦存款保险公司成为联邦政府的一个永久性机构；
- 1940年的《投资公司法》创建了共同基金这种金融产品的相关规定；
- 1940年的《投资顾问法》制定了投资顾问收费的规定，包括自主管理客户资金。

甚至在危机之前，我们的金融监管基本法律需要更新就是一个普遍公认的事实。2008年初，美国财政部长汉克·保尔森宣布了一个"监管改革蓝图"，旨在改善对美国金融市场的监管。

我们当前的监管架构并不能解决现代金融体系中由多元化的市场参与者、金融工具的创新及其复杂性、集中的金融中介机构和交易平台、全球一体化的金融机构、投资者和市场等各方要素集合而成的问题。[4]

除了现代金融市场的发展速度远远超过监管机构能力的提升这一事实之外，还有一个原因使得《多德—弗兰克法案》和《巴塞尔协议Ⅲ》成为必要。过去和现在的一个迫切需要就是恢复公众的信任和信心。几乎每个人都同意金融服务公司和他们客户之间的契约在危机期间严重受损，需要恢复。解决这个问题的举措之一是重新制定规则，监督金融机构为客户提供优质的服务。在过去的几十年里，消费者对金融机构的信心指数持续下降，危机发生后则创下了新低，今天还仍然保持在这一最低水平（见图5.1）。

金融服务公司和他们的客户之间的契约在危机期间严重受损，需要恢复。

## 第五章 使体系更强大

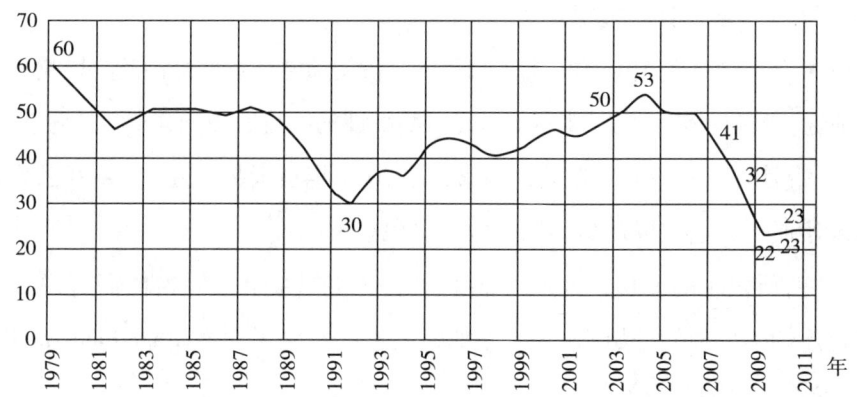

资料来源：丹尼斯·乔柯比，《对银行缺乏信心的美国人达到创纪录的36%》，盖洛普，2011年6月24日。

**图 5.1　对银行的信心直线下降：1979—2011年**

"如果有人让你用一个单词或词组来形容华尔街，你会说什么？"对这个问题的回应不再令人鼓舞（参见图5.2的答案）。

资料来源：金融服务圆桌会议首席执行官访谈项目，盖洛普，2010年9月。

**图 5.2　一个贼窝：公众如何看待华尔街**

不断出现的震荡和混乱持续地伤害着公众对金融市场和金融机构的信任和信心。尽管全球股票市场自2009年以来已经恢复，但惨痛的经历仍在提醒投资者金融危机期间受过的创伤。这些创伤包括：

- 由于2010年5月6日的闪电崩盘，道琼斯工业平均指数下跌了

998.50 点,创下日跌幅纪录。[5]

- 滚动并不断升级的欧洲主权债务危机使债券市场变得混乱并影响了货币流通,又进一步带动了银行股,尤其是欧洲的银行股接近其 2008 年低位。
- 美国,世界上最强大的国家,在 2011 年夏天拖欠超过 14 万亿美元的未偿债务,这在以前是难以想象的景象。

"对所发生的一切,人们可能不知道确切的细节,但当他们听说美国接近违约……他们开始担心。"芝加哥大学的金融学教授 Raghuram G. Rajan 告诉《纽约时报》。[6]

金融危机本身及其对投资者信心挥之不去的影响,带来了一种紧张感,使得媒体开始关注一些根本问题:我们的金融体系还安全可靠吗?金融改革问题已被推到政治议程的最前沿。与此相比,在危机之前,这些问题仅仅被认为在技术和有限的方法上存在一定的理论性和重要性。

## 系统性的制度改革

今天,对金融市场和金融机构监管的基本法律的修改正沿着两条主要轨迹进行:

1. 《巴塞尔协议Ⅲ》的标准,是新的、更严格的对全球资本需求、杠杆限制、流动性需求和市场风险评估的规则。该规则由金融稳定委员会(FSB)和巴塞尔银行监管委员会(BCBS)制订并得到了 G-20 峰会发达国家领导人的支持和拥护。*

2. 《多德—弗兰克华尔街改革和消费者保护法案》,已在 2010 年 7 月由

---

\* 请参阅词汇表关于金融稳定委员会和巴塞尔银行监管委员会的完整说明。金融稳定委员会由 G-20 国家于 2009 年成立,目的为协调跨国中央银行和金融监管活动。巴塞尔银行监管委员会则提供了一个银行监管事项定期合作论坛,其目标是加强对重点监督问题的理解以及提高全球银行监管的质量。

美国国会通过并由奥巴马总统签署成为法律。它包含了235条成文条款,并要求11个不同的联邦机构和部门完成41份报告和71项研究,其中一些机构由该法案首创。

对于这些组合出台的改革成就的重要性和复杂性,再怎么夸张也不为过。没有办法评估这些重要改革成就的大小和复杂性,它们需要美国监督金融体系的众多监管机构之间的协调。其中包括:

证券交易委员会（SEC）

商品期货交易委员会（CFTC）

联邦存款保险公司（FDIC）

金融稳定监督委员会（FSOC）

联邦储备委员会（Fed）

联邦贸易委员会（FTC）

消费者金融保护局（CFPB）

联邦住房金融局（FHFA）

政府问责办公室（GAO）

市政证券规则制定委员会（MSRB）

货币监查办公室（OCC）

金融研究办公室（OFR）

财政部、农业部、劳动部

这些改革措施还需要与其他国家进行协调。全球性的协调是至关重要而且是唯一的方式,以确保:

- 金融机构的运营不会与已制订好的规则不一致。
- 监管套利的机会被消除或至少大大减少。

如果没有全球性的协调,市场将存在更大的不确定性,更低的市场效率,更少优质的金融产品和服务。因为较重的监管负担,使金融机构觉得不划算。需要全球性协调的另一个非常关键的原因是,监管的加强使得金融机构将其业务活动从严格管制的国家转移到管制较松的国家，或者可以由受监管较多的银行转移到受监管较少的资产管理公司、对冲基金和私募股权基金，而这些组成了所谓的影子银行体系。

证券业和金融市场协会（SIFMA）出版了图5.3以总结全球金融监管改革挑战的规模。

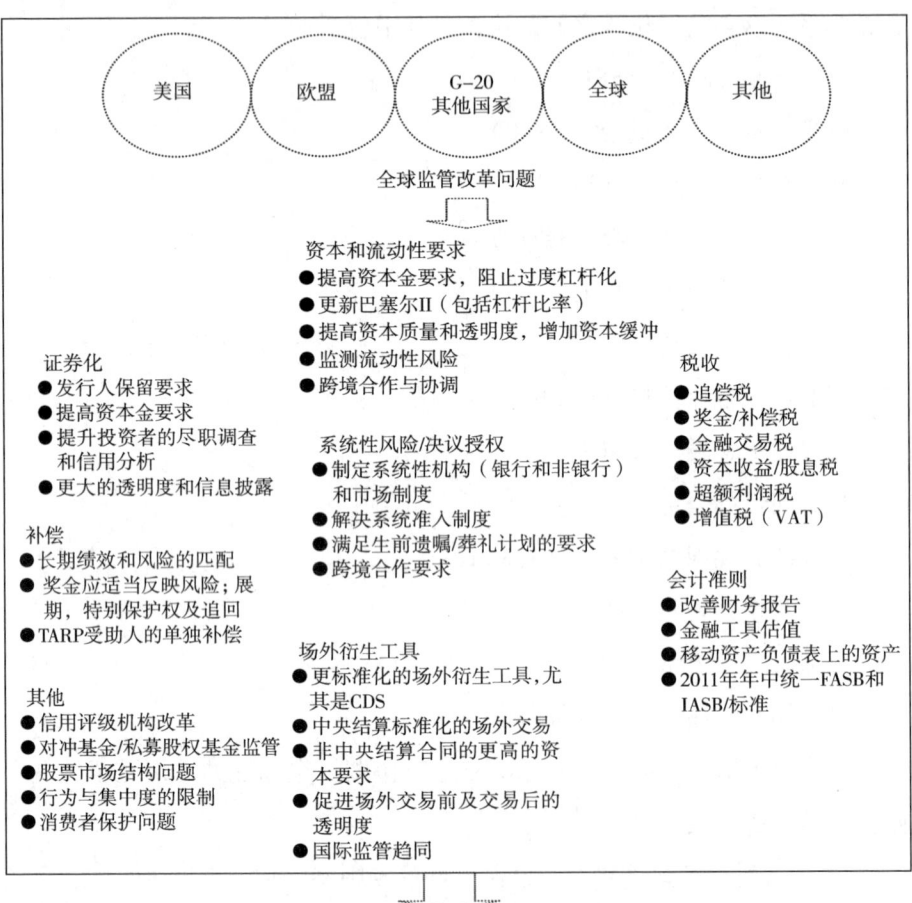

资料来源：美国证券业与金融市场协会（SIFMA）。

图5.3　《多德—弗兰克法案》是一个新的全球金融体系的基础

# 第五章　使体系更强大

## 巴塞尔改革

改革最重要的进展是《巴塞尔协议Ⅲ》中提出的新要求，尤其是新的资本金要求。如果我们从 2020 年回顾这段动荡的时期，这一点可能是我们得出的结论。*

资本是最重要的保障，当资产负债表上的资产价值迅速并大幅下降时，资本就是安全边界，它给予金融机构从危机中恢复的能力并尽快正常营业。它也是企业及个人在发生紧急情况如飓风、车祸或是盗窃时，在银行拥有的一定数量的备付金。

我们在第七章将看到，世界金融机构之间的联系越发紧密，而极端事件也将产生更严重的后果，更迅速地蔓延，并且产生更深入的影响。一个令人信服的观点是，在今天真实的全球经济中，强大的资本和安全的边界的需求比以往任何时候都重要。

《巴塞尔协议Ⅲ》标准背后的想法是让金融机构更实用，也就是说，让金融机构更像当地的电力或天然气公用事业公司一样扎实、稳定、可靠，或者更像是加拿大的银行，这是第四章的主题。

巴塞尔银行监管委员会于 2010 年 9 月宣布了这些新规定，同时也给了银行达到这些新的更高标准的分阶段实施的时间表（见图 5.4）。与以前的国际银行标准相比，新规定要求银行持有更多的资本，新资本的主要形式是普通股。由于太多的银行过于杠杆化，该委员会还对银行允许拥有的杠杆数量提出了更严格的要求，并在银行的流动性、资本构成和如何计算风险加权资本方面也制定了更高标准。

---

\* 巴塞尔改革的过去、现在和未来以及巴塞尔委员会在全球金融监管改革中的地位在附录 B 中。

管 理 职 责

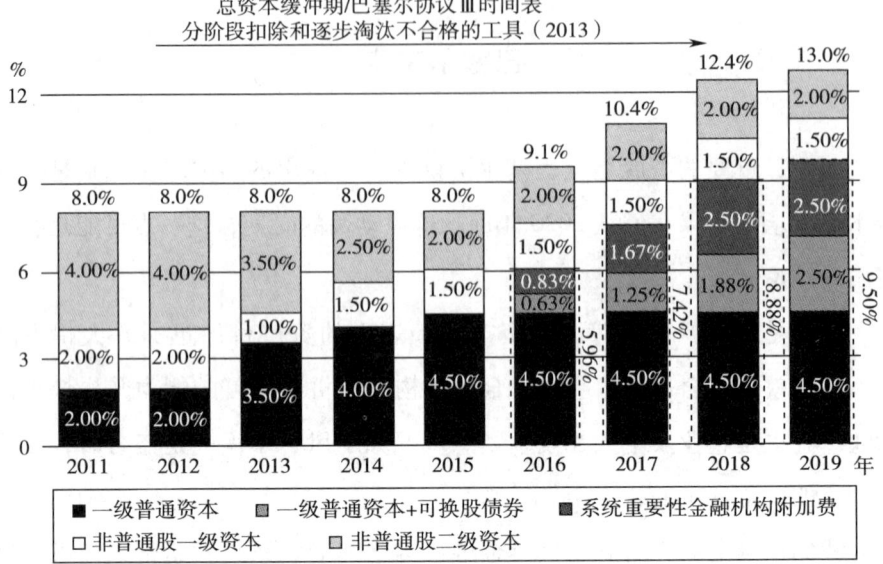

资料来源：巴克莱资本政府政策及金融集团，国际清算银行。印刷并提供：杰森·M. 哥德堡，"基于动态财务分析消费者对银行和银行股的规定对金融业的启示"，2011 年 7 月 13 日，第 9 页。在全球监管改革峰会 2011：多德—弗兰克的影响分析。

**图 5.4 十年期限以提高银行资本金：2011 年至 2019 年**

《巴塞尔协议Ⅲ》在资本要求方面有如下一些亮点：

● 最低的一级资本率将从 4% 上升到 6%，新资本中的大约 75% 必须由普通股构成，这是最有保障的资本形式。股本相当于银行的储备金，是银行的担保资金，是其犯错时能够承受损失的资本。

● 从 2016 年开始，银行还会被要求开始建立一个完全由普通股构成的额外的资本留存，这样到 2019 年，最低资本总额比率将增加到 10.5%。

据《经济学家》报道，所有这些要求产生的净效应将使"大多数大型银行将不得不持有超过危机前三倍数量的普通股"。[7] 一个领先的金融市场评级机构，标准普尔估计，世界上最大的 75 家银行需要筹集超过 7 500 亿美元的股本，以满足这些最低限值。而其机构估计的总数则更高，据国际

## 第五章 使体系更强大

金融协会估计为 1.3 万亿美元。[8]

而这还不是全部，2011 年夏天，巴塞尔委员会证实并宣布了被认为"具有全球重大影响"的金融机构需要建立另一种称之为系统重要性金融机构（SIFI）附加费的资本。被称为 G–SIFI 的机构即为全球系统性重要金融机构，其中 G–SIB 特指全球系统性重要银行。这些都是非常大的金融机构，目前有 29 家，包括德意志银行和摩根大通（见表 5.1 的完整列表）。

## 《巴塞尔协议Ⅲ》的其他改革

资本目标比率在巴塞尔改革中是最重要的，当然还有许多其他单独和共同的规定，这对全球金融机构的经营模式将产生有价值的影响。在 2011 年 9 月麦肯锡公司发表了一份题为《算总账的日子吗?》的报告，对这些规定做了如下总结：[9]

表 5.1　　　　　　　　全球系统重要性银行

| | | |
|---|---|---|
| 美国银行 | 德克夏银行 | 北欧联合银行 |
| 中国银行 | 高盛 | 苏格兰皇家银行 |
| 纽约梅隆银行 | 法国农业信贷银行 | 国际银行集团 |
| Banque Populaire CdE | 汇丰银行 | 法国兴业银行 |
| 巴克莱集团 | 荷兰国际集团 | 道富银行 |
| 法国巴黎银行 | 摩根大通银行 | 三井住友金融集团 |
| 花旗集团 | 劳埃德银行集团 | 瑞银集团 |
| 德国商业银行 | 三菱 UFG 金融集团 | 裕信银行 |
| 瑞士信贷银行 | 瑞穗金融集团 | 富国银行 |
| 德意志银行 | 摩根士丹利 | |

资料来源：金融稳定理事会，2011 年 11 月 4 日。

### 市场风险评估改革

这些规定将在 2011 年底生效，金融机构必须根据资产负债表上持有的证券相应增加资本，包括一些基于"强调产品风险价值"的额外的资本费用、各种新的"增量风险"和证券化收费，某些固定收益证券及自营交易的"全面风险度量"费。麦肯锡估计这些费用合起来可使某些证券的资本要求增加近 6 倍。这些改革将使银行更难通过持有和交易信用违约掉期和其他衍生工具的方式打"擦边球"，如他们在 2008 年和 2009 年所做的那样。

### 资本质量规定

需要从核心资本中扣除一些形式的资本，如保险子公司、养老基金资产、对其他金融机构的投资以及递延税项资产。这将强制银行使其资产负债表上的非银行资产更加透明，并为这些业务适当安排储备金。同样，这些规定提出的做法，对金融危机的缓解作出了贡献。

### 杠杆比率

将于 2018 年生效，在此规定下，银行有效地将其贷款限制在资本的 33 倍以内。这意味着银行不能得到其在金融危机期间的高杠杆率，当时一些银行的贷款超过了其资本的 50 倍。

### 流动性覆盖率（LCR）

这个比率由银行的高流动性资产除以"未来 30 天的净现金流出"计算得来，必须大于 100%。这一指标紧随其净稳定资金比率的要求，而这一要求的目的是确保金融机构有足够的短期流动性和长期融资，以提高其在银行挤兑中的生存机会。

### 交易对手信用风险

在适当的时候增加资本需求,这一点是基于对与金融机构有业务往来关系的公司的抵押品质量和信誉度的考量。如果银行与一个经营较差的实体公司交易,那么他们必须增加持有的资本。这样做的想法是,如果交易对手发生什么事情,银行将用资本缓冲承担交易损失并保护存款者。

## 《多德—弗兰克法案》

当金融稳定理事会和巴塞尔委员会正忙于制定新的资本、杠杆和流动性规定的同时,美国的监管机构也在忙得不亦乐乎,其正在受国会委托履行现代历史上仅有的、最大的法规制定权。事实上,在这些年间,这个工作是如此之繁重,以至有些人说,监管机构已不堪重负。《多德—弗兰克法案》共有2 000多页,并在2010年7月21日由奥巴马总统签署成为法律。联邦机构需在某些情况下,经该法的授权在五年之内实施235条新规则,其中大部分须在2011年底完成。

我认为在下面四个关键领域,将会最有效地减轻未来的危机。描述按重要性降序排列。

### 系统性监督和审慎性监管

《多德—弗兰克法案》创建了一个新的联邦机构,金融稳定监督委员会(FSOC),其职责是识别、监控及在必要时纠正积聚在整个金融体系中的系统性风险。金融稳定监督委员会隶属于美国联邦储备委员会,不仅负责监督银行机构,还要监督影子银行系统。影子银行系统由受到宽松监管的金融机构组成,如对冲基金和主权财富基金。到目前为止,影子银行体系处于美国证券交易委员会、美联储和其他监管机构的监管范围之外。金融稳定监督委员会其实是一个由美联储、货币监理署、美国证券交易委员会、联邦存款保险公司、美国商品期货交易委员会、联邦住房金融局及国家信用联盟管理委员会组成的监管机构,主席由财政部长担任,该会还有一名独立成员和五名无投票权的列席成员。它可以利用另一个新成立的名为"金融研究办公室"的机构数据收集并分析的能力。金融稳定监督委员会(FSOC)负责协调涉及《多德—弗兰克法案》全部的联邦机构并制定规章制度,接下来我将予以详细阐述。它还负责审查美国的金融机构在资本、杠杆和流动性要求上与《巴塞尔协议Ⅲ》是否一致,该委员会于2010年10月成立。

系统性风险通常起因于金融机构在全球市场上进行的大规模的混合业务操作。当一个或更多的金融机构倒闭时,最大的危险是引起多米诺效应。它们的负面效应可能会拖累其他健康的金融机构。最接近的类比就是想象银行和金融机构是一个登山团队,用绳子将其系在一起,攀登峭壁,团队中的一名成员如果掉下去就会把其他成员也拉下去。在主权储备基金跌破资产净值且货币市场开始冻结,雷曼兄弟随即宣告破产时,这种情况几乎发生。监管部门担心保险公司美国国际集团(AIG)在2008年秋天的倒闭会引发进一步的连锁反应,因此没让它倒闭。

金融稳定监督委员会的监管目的是扫描系统中的失衡、过度、泡沫和异常(就像一个多普勒预警雷达扫描灾害性天气一样)在它们动摇金融系统之前主动化解这些风险。

**决议授权**

《多德—弗兰克法案》的另一个关键条款是美国监管机构被赋予了处置对国家金融体系形成威胁的破产公司的新权力,它们可以关闭、暂停、解散或重组瘫痪的金融机构。FDIC一向有资格处置濒临破产的银行,但现在危机范围超出了银行,延伸到了其他类型的金融机构,并构成了系统性威胁，这就需要由联邦存款保险公司、美联储和财政部决定。由于雷曼兄弟及 AIG 都不是银行，因此处置范围超越银行是一个巨大的进步。在此之前没有一个政府机构，包括美国联邦存款保险公司，被授权关闭雷曼兄弟或美国国际集团（AIG）。

金融机构现在需要制定计划（所谓的"生前遗嘱"）为监管机构提供一个路线图，即如果有必要，如何最好、最有效地利用该组织进行破产清算。

**衍生品改革**

《多德—弗兰克法案》规定在衍生品市场实现的转变，简直就是转型。有两个监管机构监管衍生品市场，即商品期货交易委员会和证券交易委员会，将监督这些转变的实现。

金融衍生品是以标的金融资产为基础的合约，这些资产包括股票、债券、货币和商品，或几乎以任何形式存在的价值，如利率或信用违约数据。它们最经常被用来管理敞口转移过程中的风险。衍生工具有很多形式，包括期货、远期、场外交易或期权、掉期及信用违约掉期（CDS）。用户不仅包括金融机构，而且包括制造商、生产商、分销商和服务公司，它们需要锁定商品、利率、货币的价格变化进而保护自身利益，或两者兼而有之。

在危机爆发前，衍生品合约大部分是在金融机构之间签订并交易，这些金融机构互为交易对手。一个交易对手只是一个和金融机构开展了业务往来的交易伙伴。比如，如果我卖给你我的旧冰箱，你就是我的交易对手。沃伦·巴菲特在将衍生品戏称为"金融领域的大规模杀伤性武器"的著名描述中，曾含蓄地提及其中一个风险是，如果一个主要的交易对手未能履行其义务，那么可能导致其他交易对手也无法履行他们的义务。

出于这个原因，《多德—弗兰克法案》中要求的与衍生品相关的改革中最重要的一部分即明确一种义务：衍生工具的标准化过程应从期货市场中汲取经验，并在受监管的交易所进行交易。它们也可以通过新成立的"掉期合约执行系统"交易，而标准化过的掉期交易则是通过充当中间人角色的中央清算所进行结算，这降低了违约风险，即因交易一方无法履行其合同义务，而给市场带来不稳定因素。掉期交易商将面临更多的资本和保证金要求，需要向监管机构及时充分地披露交易和做市活动，从而有助于使衍生产品市场比过去更加透明。

这些规定的前提是通过提高透明度和将交易对手的风险转移给受监管的资金充足的交易所和清算所，可以降低衍生品所带来的系统性风险。

**证券化**

"证券化"这个词是指将资产捆绑、打包成可在金融市场上买卖的新的证券的过程。这些资产往往缺乏流动性，但具有可预测的现金流。资产证券化通常被金融机构用来对其最终客户提供贷款，包括汽车贷款、学生贷款、住宅和商业抵押贷款或商业贷款。抵押贷款支持的债券通常被称为抵押贷款支持证券（MBS），而其他贷款支持的债券通常被称为资产支持证券（ABS）。在 2008 年和 2009 年与 MBS 相关的抵押品的急剧恶化被视为金融危机的主要催化剂之一。

为了使金融机构对标的抵押品的质量更负责任，并提高 MBS 和 ABS 证券的可靠性，《多德—弗兰克法案》对金融机构发行证券规定了风险保留要求，也就是除了最优质的住宅按揭贷款支持的债券，债券发行人需要保留其所发行债券至少5%的面值为非对冲。对于"贷款并证券化"模型中的缺陷，作家萨蒂亚吉特·达斯称之为"贷款和隐藏"，而《法案》中的这一要求将解决这个问题，使得在复杂的交易链条中风险和债务从可观察的地方转移到隐蔽和不受监管的地方将更困难。[10]

在《多德—弗兰克法案》中还包含了许多其他的改革，例如沃尔克规

## 第五章 使体系更强大

则,禁止银行与企业之间进行与为客户提供服务无关的资金交易,并创建一个新机构,即消费者金融保护局,以监管抵押贷款和信用卡。这两个条款在国会关于金融改革的辩论中出现了大量支持和反对的声音,在规则的制定阶段仍是这样。

我在这里列出的改革,系统性监督、决议授权、衍生品、证券化改革,如果以一种均衡和审慎的方式正确实施,很有可能对构建更安全、更稳健、更稳定的金融体系作出有意义的贡献,并有可能使这些问题少受些关注,但最终会有一个更积极的长期影响。

## 改革的挑战

尽管有许多积极方面,但金融监管改革仍面临诸多管理方面的挑战。接下来我就其中的一些加以讨论。

首先,实施的步伐一直极为缓慢。《多德—弗兰克法案》由最初呼吁编写规定到实施改革已过去了 2~5 年,大部分的工作直到 2011 年底才完成(见图 5.5 和图 5.6)。

由大卫·波尔克 & 沃德韦尔律师事务所提供的一个记分卡表明,截至 2011 年 12 月,只有 23% 的规定如期完成,而 77% 的规定将超过他们制定的最后期限。[11]

这未必是一件坏事。它实际上可能表明了一种迹象,监管机构正负责任地引领庞大复杂的改革,并努力使其正确。改革的缓慢步伐对金融服务公司在将来被要求遵守的规则方面带来了持续的不确定性。美国银行分析师 Guy Moszkowski 对此补充道,"这些规则在当前的不确定性效应可能阻碍资本市场的复苏"。[12]

除了改革的步伐,协调是一个大问题:不仅包括负责改革的美国机构之间的协调,还包括正在努力使改革时间表尽量同步的 G-20 国家之间的

管 理 职 责

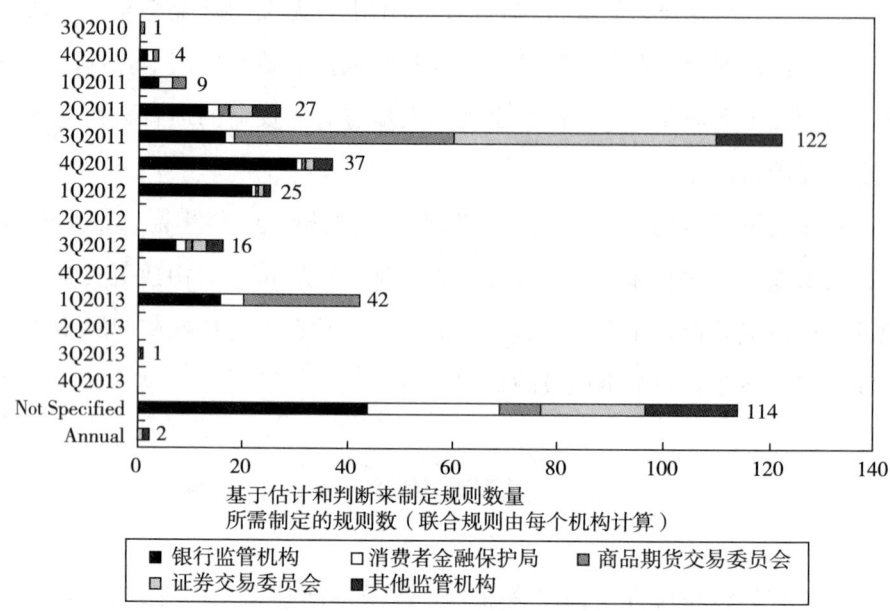

资料来源:《多德—弗兰克进展报告》,大卫·波尔克 & 沃德韦尔律师事务所,2011 年 12 月。

图 5.5 一项为期三年的布利泽德文书工作

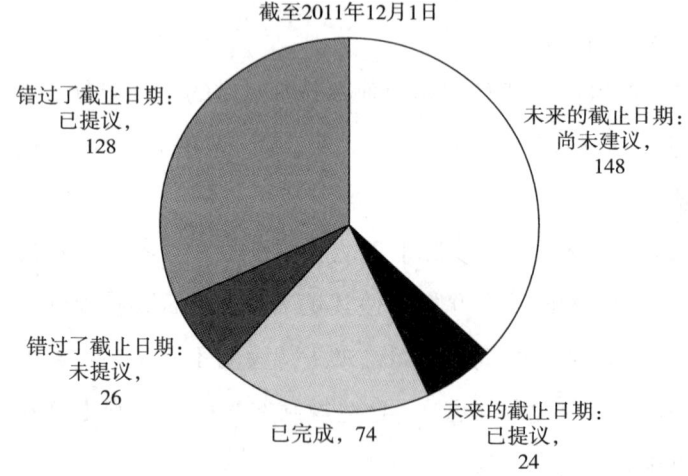

资料来源:《多德—弗兰克进展报告》,大卫·波尔克 & 沃德韦尔律师事务所,2011 年 12 月。

图 5.6 堆积如山的监管工作要做

## 第五章 使体系更强大

协调。

当安全和经济增长之间的平衡受到冲击时，监管机构必须不断尝试，寻求正确的方法……

例如在衍生品领域，《多德—弗兰克法案》划分了证券交易委员会（SEC）和商品期货交易委员会（CFTC）之间的职责。但由两个机构分别提出的关于衍生品的规则存在许多并非可以忽略的不一致性，因而使得衍生品交易商难以运营。美国在衍生品改革的步伐上比欧洲更积极，这种差异将威胁美国金融机构在全球市场上与外国同行竞争的能力。

更有甚者，由于缺乏协调而导致的职能失调，美国劳工部（DOL）先于美国证券交易委员会对雇员退休收入证券法（ERISA）计划中受托人的含义提出了一个宽泛的崭新定义。在劳工部第一次对个人退休账户扩大定义之前，美国证券交易委员会甚至没有机会直接制定新的信托标准，而此标准被授权适用于"个性化的投资建议。"

值得庆幸的是，面对极具讽刺意味的批评，DOL撤回其ERISA受托责任定义和实施的建议，并表示它计划在2012年初制定一个新的提议。

劳工部的例子很重要，因为它说明了要使改革有效，正如我的同事，SIFMA首席执行官蒂姆·瑞安在众议院金融服务委员会作证时说道，"如果美国要维持其最深入的、最具流动性的和最具创新性的金融市场的地位，那么统一的全球规则在全球统一的运用，就是至关重要的"。[13]

瑞安将协调的挑战比喻为同时调配235架将要在机场降落的飞机，他写道：

如果监管部门无法协调运作，我们将只剩下一个充满冲突的支离破碎的或是导致市场运行出现摩擦甚至失败的制度。这种摩擦或失败会阻碍资本和信贷的流动，破坏经济增长和就业机会的创造。[14]

有效改革的第三个挑战是潜在的风险活动会转移到不受管制的市场和不受监管的影子银行系统。摩根士丹利/奥纬的报告预测：

> 由于银行对监管日程的应对，市场和监管机构可能会低估在长期内会有多少业务可能进入对冲基金、私募股权资产管理公司和其他可替代的资金来源。当然我们并不指望一夜之间就能发生改变，使部分商业银行业务、直接贷款、债务重组、自营交易和一部分复杂的衍生品交易及构成从受到高度监管的受存款支持的银行业中分离出来。[15]

第四，在监管基础制度方面仍存在巨大漏洞，给了不稳定事件可乘之机。例如，《多德—弗兰克法案》并没有解决货币市场基金的风险，如主权储备基金货币基金可能会再次跌破净值，引发短期货币市场信任危机，而企业，特别是金融机构，则依赖短期货币市场资金维持经营。这个问题至少正在被一个名为"总统金融市场工作组"的小组讨论，此外，美国证券交易委员会的主席玛丽夏皮罗（女）已经暗示她的机构打算"很快"推行货币市场基金改革。

同样，《多德—弗兰克法案》也没有触及市场结构的问题，如在目前在交易所和不受监管的电子兑换中都居于主导地位的高速、高频及规则系统的程序。虽然SEC主席夏皮罗一再声明她致力于解决市场结构问题，但直到今天，造成2010年5月1 000多点的闪电崩盘事件仍没有得到充分解释。

最后，改革面临的最大挑战或许是在提高安全性、稳定性与经济增长之间保持平衡。但对于决定是否平衡或如何实现平衡并没有持续的流程、机制及问责。

许多人认为备受诋毁的前美国联邦储备委员会主席艾伦·格林斯潘应对此次由于监管失灵而导致或至少加剧的金融危机负责，艾伦·格林斯潘于2011年7月在《金融时报》写了一篇文章，明确地讨论了相关政策

## 第五章 使体系更强大

问题。

"由于破坏性巨大的日本地震和……全球金融海啸，"格林斯潘写道，"各国政府都面临保证他们的人民免受……那些极端低概率事件所暴露出来的风险侵袭的压力。但他们应该吗？担保要求以闲置资源作为缓冲，这些资源将无法从事商品的生产和服务。只有危机时，他们才被使用。"

格林斯潘指出，"超额银行股权资本"作为一种缓冲"不适用于提高生产率的资本投资"，接着说，"选择资金缓冲是社会所作出的最重要的决定之一……社会希望其持续输出多少以抵挡50年或100年一次的危机？"

"……过量的缓冲"来保证抵制风险，格林斯潘写道，只有"以牺牲我们的生活水准为代价"才可能。[16]

《巴塞尔协议Ⅲ》中关于提高资本要求、杠杆限制、流动性限制方面的规定和《多德—弗兰克法案》235条规则中的每一条都显示出决策将从侧重经济增长转向安全与稳定。问题是，利益的再分配给经济增长所带来的累积效应没有增加。

显然，《巴塞尔协议Ⅲ》和《多德—弗兰克法案》改革的效果将增加银行、经纪公司和其他金融机构的成本。他们在做自己最擅长的促进经济增长的一系列活动时成本将增加，如贷款、对冲风险、筹集新债务和股权资本、做市等。每一位称职的金融行业分析师都试图量化和评估金融改革对银行盈利的影响力度。摩根士丹利和奥纬的估计是，"新规将降低行业股本回报率（ROE）4%～6%……"[17]（金融危机前ROE的历史高位在17%以上）——主要是由于《巴塞尔协议Ⅲ》对更高权益资本的要求。更高的资本要求，要求银行要么对产品和服务重新定价，要么削减或消除相对于越来越昂贵的资本，不再能够产生丰厚回报的金融活动。在这两种情况下，最终用户都将受到负面影响，经济增长也一样。

就如何量化金融改革对美国经济和全球经济的影响方面，国际社会目前只做了两个研究。国际金融协会（IIF）开展了一项名为"金融监管框架对全球经济变化的累积影响"的研究，其题目恰到好处。IIF 研究得出的结论为"改革对经济的影响（根据过去的实际 GDP 和就业方面［原文如此］）是显著的"。[18] 估计在五年内实际 GDP 将比不改革的情况下降 3.2%，全球就业将减少 750 万个工作岗位。

这项研究还得出结论"这种影响将集中在主要的成熟经济体，它们已经面临增长缓慢的问题"。[19]

另一项分析由金融稳定理事会和巴塞尔委员会的宏观经济评估小组（MAG）与国际货币基金组织（IMF）合作，其得出的结论是改革对全球经济的影响要小得多。它发现，当资本要求增加后，全球系统性重要银行将对其客户的存贷利差上升 31 个基点（0.31 个百分点）。研究还发现，GDP 的增长相比没有新资本要求时，仅仅将下降 4 个基点（0.04 个百分点）。分析认为，对纳税人而言，在一个更安全的金融体系中所能获得的利益是暂时的缓慢经济增长中所付出的改革成本的许多倍。[20]

显然，预测巴塞尔改革的影响就像试图预测未来两年的天气，它充其量只不过是一个模糊科学，但这也不能认为它不重要。监管机构在平衡安全与经济增长、社会稳定和经济复苏的斗争中，仍在不断尝试寻找正确的方法。

金融监管改革"像一剂猛药"，前货币监理署尤金·路德维希告诉参议院银行委员会。"如果应用不当或过度，《多德—弗兰克法案》将弊大于利。"[21]

改革实施的目的是使金融体系更加安全而不至于过度影响经济增长，——简而言之，这正是危机后改革对管理的挑战。

# 第五章 使体系更强大

## 插曲
## 小而不救？

蒙大拿州戴维森公司（包括其持有的区域经纪公司 DA 戴维森）德高望重的首席执行官比尔·约翰斯通，于 2010 年 11 月在明尼苏达大学法学院举办了为期一天的题为"太小而不需要拯救"的会议，该题目有意模仿我们经常在金融危机期间以及今天仍然能听到的"大而不倒"，这反映了约翰斯通简洁的幽默感。

他在一次采访中告诉我，此次会议的前提是"认识和尊重在金融服务部门中的多样性价值，多样性在形式上有小型区域经纪公司、投资顾问、社区银行。社会利益多元化应该受到保护"。

在金融危机期间及尾声阶段，社会投入大量的资源以支撑最大的金融机构，然而大多数较小的机构却自生自灭。

"规模较小的公司，真正的决策发生更接近我们所看到的四类选民：员工，客户，股东和社区——以此顺序。"

"如果你不为这四类人群提供服务并尊重他们，最终你将无法为股东的利益服务。股东利益并不是一家公司的唯一利益所在，如果它成为中心，那么将会导致我们在金融危机期间看到的问题，即失败的管理。"

约翰斯通告诉我，他认为在规模较小的公司，"个人判断的元素更容易转换成商业决策"。

"领导者最终体现的是判断力和价值观，"约翰斯通说，"如果我与一家被形容为'太大而不能倒闭'的金融机构的领导人成为对手，首先让我们假设我们有大致相同的智力能力，相同的价值观，对负责任的管理的承诺也差不多。那么如果这些东西都是真实的，我应该能够更好地影响我的小组织，因为我更接近它，因为我更接近需要做出决策的事实，还因为我更接近我的客户和雇员"。

"许多大型金融机构的失败可以归结为领导者不能在整个组织中贯彻自己的价值观、判断力和影响行为。只注重保护大型金融机构以及他们的权力和规模的集中度是不正确的。为了保持我们的金融体系和经济的多样性同时减少风险，我们必须认识并尊重我们的小企业小公司的价值与作用。"[22]

# 第六章　使投资者更安全

在新的信托规则的保护下

世界上最重要的投资者保护问题是保护散户投资者。

——芭芭拉·罗珀，美国消费者联合会投资者保护总监，其指的是专业投资人士的新信托标准

零售经纪业务因为太频繁，往往也不公平，并且因不关注其客户的利益而被媒体抨击。但在2009年4月，我们在电话会议上就经纪行业领导者任职于证券业和金融市场协会（SIFMA）的私人客户集团指导委员会进行讨论后，之前负面刻板的印象被颠覆了。

经过最后几个月的分析和讨论，我所主持的这个委员会提出投票表决是否支持一个新的信托标准。该标准认为财务顾问应为个人投资者提供个性化的投资建议，受托人在法律和道义上有义务把客户的利益放在首位，并披露所有的利益冲突。

委员会成员加紧做了正确的事。

我说的"正确的事"，是由于"信托"这个词被认为是保护投资者的黄金标准，因为它符合最好的财富管理专业人士已经为其客户所做的一切。而且，在2008—2009年的经济危机后，除了黄金标准以外也没有什么东西能恢复投资者对金融市场和我们这个行业的信任和信心。

当我们拿到投票名单，了解参加的每一个成员公司的代表的声音后，我浑身起鸡皮疙瘩。"美林支持信托标准的修改。""富达支持信托标准的

修改。"我记得当时心里想："我们正在见证财富管理行业发展中的一个真正的拐点。"更重要的是，"我们正在向调整财富管理公司与客户二者之间的利益迈出重大的一步"。

对我来说，这是一个在管理行为中最好的例子。

那天，全体一致支持受托人新标准。虽然在细节上仍需修改，我仍然相信新标准将保护客户有资格使用目前财富管理公司提供的广泛的管理和服务，允许客户选择为其提供服务的顾问，也可以让他们选择如何为这些服务付费（通过销售佣金或费用）。

委员会成员对此表示支持，主要不是因为他们看到了自己的商业行为需要改变，而是因为财富管理行业的最佳实践已经发展到他们要符合信托标准这一阶段。

当然，过去一年半市场的灾难性事件支配着委员会成员的职业和个人生活，也给了我们一个采取果断行动的理由。我可以很自豪地说，证券业和金融市场协会的支持一直保持强劲并且稳定，它帮助创造了一个良好势头，而这正是《多德—弗兰克法案》最明显和最重要的组成部分之一诞生的里程碑。法案中第913节条款规定，授权——而非要求——美国证券交易委员会编写一个新的联邦信托标准。这个标准将适用于每个投资专业人士为个人投资者提供的个性化的证券投资建议。

## 适宜性标准与信托标准的对立

没有一个消费者比美国消费者联合会投资者保护主任芭芭拉·罗珀更倡导第913项条款，即"可以说，世界上最重要的投资者保护问题是保护散户投资者"。[1]

罗珀称赞监管机构和业界对这一新标准的拥护。罗珀说："美国证券交易委员会已经提出了实施受托责任的方法，其将保留经纪交易商的业务

## 第六章 使投资者更安全

模式,进而保留了投资者的选择。这种做法赢得了投资者的倡导、国家证券监管机构、顾问团体,甚至于主要的经纪交易协会的赞誉。"[2]

但为什么这是一个如此重要的问题?

因为,自从 1933 年的《证券法》和 1940 年的《投资顾问法》成为法律后,经纪人和投资顾问就受到不同的监管标准的约束。

经纪人在客户指令的基础上操作,并不能代表客户行使酌情权,受到所谓的适宜性标准的支配。适宜性,顾名思义,是指确保提供给客户的投资产品或金融服务适合该客户,这需要考虑到他们的总体情况,包括他们的年龄、财力、受教育程度和风险承受能力。投资顾问,客户授予其自由裁量权来管理他们的钱,不用每笔交易都经过批准,受信托条款支配。这两个条款都要求顾问在提供建议和执行交易时把客户的最佳利益放在首位和核心。但在关于披露和利益管理冲突的规则方面,两者则各不相同。

今天,随着商业模式的融合,许多理财顾问提供两种类型的服务——经纪及投资管理。他们在同时注册了经纪交易商和投资顾问这样双重资格的公司工作。他们自己持有从事这两种类型的活动的执照,从而在账户类型、产品和服务等广泛领域提供建议,该领域包括:

- 公开发行的股票、债券、共同基金和交易所交易基金。
- 二级市场交易。
- 保险产品(寿险,变额年保险金,长期护理)。
- 抵押贷款和信贷额度。
- 借记卡、信用卡和银行存款。
- 其他投资(管理商品期货、对冲基金、私募股权基金)。
- 信托账户。
- 对个人、家庭和家族的金融、退休收入和房地产计划。

在他们与客户的往来中,顾问有时需要遵循适宜性规则,而有时他们又有义务作为受托人遵循信托规则。被美国证券交易委员会(SEC)、美国金融业监管局（FINRA）、国家证券监管机构强制执行的这些规定，是否最终执行取决于该顾问所在公司的类型和他们所提供的服务类型。

结果就是出现了比较多的混乱。

个人投资者不明白这些，他们也不必明白。《多德—弗兰克法案》第913项条款背后的政策依据是，无论顾问所在公司或其提供的产品或服务的类型是什么，个体投资者都应获得相同水平的保护，也包括投资者所获得的建议。

不过我相信，还有一个更重要的原因，去采纳一个统一的诚信标准以保护各类个性化的投资建议：

## 经济增长以信任为依托

个人储蓄和投资的意愿是经济长期增长的一个关键驱动力量。即使是在最佳条件下，投资也意味着信任。由白宫发言人茜洁·克里格引用电视连续剧《西翼》中圣经的描述，将信任虚构为"希望之事，未见之事"。它需要某种程度的信念，如果他们把积蓄投入股市、债券、现金、共同基金、交易所买卖基金、定额年金，或如果他们把它交给一个投资顾问来管理，其投资的价值将随着时间的推移而增长。我们将会在下一章中看到投资信念的宗旨，这一信念是财富管理活动的基础，并受到金融危机的严峻考验。从2000年到2010年迷失的10年期间，这一问题已被提出来，而在此期间美国股票指数波动异常，该信念被麦道夫丑闻和其他恶劣的欺诈和滥用的实例所击碎，并被欧洲主权债务和银行危机再次破坏。

个人储蓄和投资的意愿是经济长期增长的一个关键驱动力量。

回答这个问题并不困难，在2011年盖洛普对交易的企业和组织的进行一项题为"请告诉我，你是否有很多、相当多、一些、或者很少信任"的

# 第六章 使投资者更安全

民意测验显示，受访者对投资经纪人/顾问的信托几乎接近列表的底部，而银行则要高几个档次（见图6.1）。

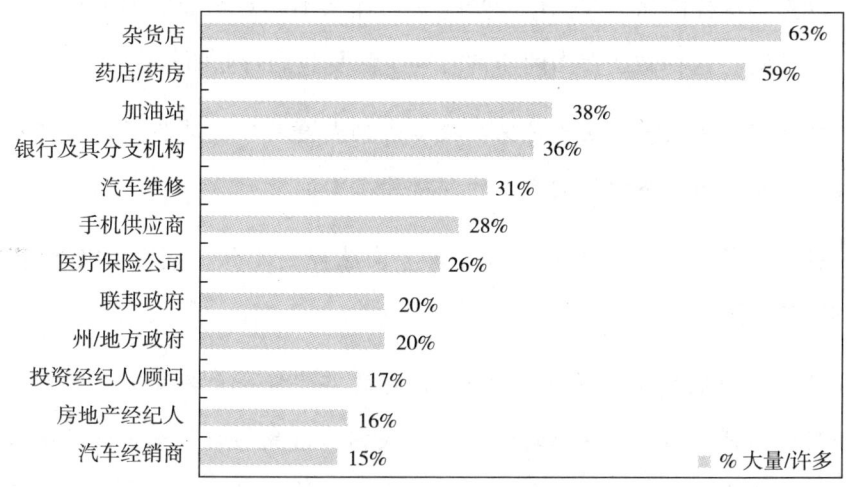

资料来源：盖勒普。

**图6.1 公众对加油站服务员的信任比银行家多**

在标准普尔下调美国信用评级后，正如《纽约时报》所言，"华尔街的支持者告诉我们，无论市场每日如何跌宕起伏，要永远信任并继续把钱放在401（k）计划中。但是……即使掌握内情而下注的人昔日循序渐进的方法似乎也要重新考虑"。[3]

在这种环境下，如果我们要促进资本形成，通过资本形成迅速启动经济增长，这对于金融服务行业竭尽所能恢复公众对金融服务机构和资本市场的信任和信心是至关重要的。

信托标准被投资者认为是保护投资者的黄金标准，其原因是受托人在法律和道义上有义务把他们客户的利益放在首位。如果他们与"客户是第一要务"有冲突，他们首先需要披露冲突细节，得到客户的同意后再采取行动。

## 管理职责

无论是在适宜性标准下作为经纪人,还是在信托标准下作为投资顾问,这是最好的财富管理专业人士已经采取的做法。

既然是这样的话,我们作为受托人为什么不同意明确地把客户的利益放在首位呢?这种做法在当前非常有利于恢复我们行业的信任和信心。

信托标准被投资者认为是保护投资者的黄金标准,其原因是受托人在法律和道义上有义务把他们客户的利益放在首位。

在《多德—弗兰克法案》被签署成为法律后不久,我给 RBC 财富管理的客户写道:

作为金融服务行业的一名领导者,我的首要任务是恢复公众对我们金融市场的信任和信心。要做到这一点,我相信,我们的行业必须解决公众在太多实例中的愤怒,否则金融机构将失去维持金融市场长期繁荣的可持续性的基本真理,即如果我们的客户没有获利,那其他人也休想。

在我看来,金融服务行业恢复公众的信任和信心的唯一方法是与我们的客户建立基于把客户利益放在首位的新的约定。

诸如对客户的义务、把客户的需求放在首位、受托责任等短语似乎相当技术性强,并且晦涩,但是它们都可以归结为一个词:管理。我们的公司必须证明我们正在采取措施回到我们的管理使命价值观和责任感上来。

这就是为什么我一如既往地支持建立一个新的信托标准,以保护个性化的投资建议。

这也是为什么我坚信,尽管在《巴塞尔协议Ⅲ》和《多德—弗兰克法案》的实施中存在许多挑战和问题,金融监管改革仍是一个关键性考验,考验我们能否坚守对管理原则的承诺。我们需要恰当的平衡改革,真正的坚守负责任的改革前景,使金融体系更安全、更稳健,但又不损害金融机构促进经济增长的能力。如果我们成功了,我们将会证明,我们可以成功地解决一个全球性问题，这个问题对我们在这个星球上的生活品质至关重要。

金融监管改革是一个关键性考验，考验我们能否坚守对管理原则的共同承诺。

在这一点上，做许多事都是值得的。

## 插曲
## 信用是一种义务

杰夫里·斯洛克姆拥有世界级的当代艺术收藏品。不过，这名杰夫里·斯洛克姆联合会的创始人也有着另类的幽默感。在精美艺术中，你会发现一个每日散发着光芒的天鹅绒版本的通俗艺术经典：一滴泪水划过猫王的脸庞。

在他担任超高净值机构投资者顾问时，斯洛克姆说他看到"太多"的金融服务提供者未能实现他们的管理责任的案例。

"我想这是因为一个从前的概念，"斯洛克姆告诉我，"当我想到管理，我就想到了'信用是一种义务'。这在美国人身上并不容易发生，美国是一个人们最快出枪的地方。我们并不是与生俱来就是管理者"。

斯洛克姆叙述了一个著名的亿万富翁家族建立一个对冲基金的行为，该家族管理着家族成员及第三方投资者的资金。该基金一度拥有数十亿美元的资产，然而在2008年的抵押贷款和流动性危机的高峰期中，该基金的资产不断蒸发从而被迫清算支付，最后只剩下几亿美元，导致了投资者和债权人的诉讼争夺，以追索他们的资金。

"该基金完全能够赚钱，"斯洛克姆告诉我，"它拥有长期 AAA 和 AA 级以及短期 BBB 和 BB 级的商业抵押贷款支持证券。但是它被杠杆化了且被要求追加保证金。"

## 管理职责

"家族可以做一些事情以保存基金价值，"斯洛克姆说，"比如短期——几天或几周——的资金注入。他们并不是非得这么做。基金的文件中对此没有要求，但这将是正确的做法……为了他们的外部投资者的利益"。

斯洛克姆是我在写这本书的过程中接触的众多CEO、合作伙伴和金融服务公司的负责人之一。我惊讶于他们作为业内人士和资深的行业领导者，在很大程度上认为金融服务业的模式已经崩坏。我惊讶于他们对导致金融危机的行为的愤怒。

查斯·伯克哈特是另一个例子。他是罗斯蒙特合伙公司的创始人，一个仅投资专业投资咨询公司的私募股权公司。查斯也许是我所知道的在我们行业里资产管理方面最高度网络化的人。他花费了几十年时间帮助基金经理启动并发展他们的业务。像我采访的其他人一样，刚接通电话知道是我时，他便大声责骂。

"华尔街已经成为一个产品畅销机，"他告诉我，"这里全部是关于卖家能卖什么，市场能承受什么，客户会买什么的地方。它本应该是一个客户驱动的市场，但它直至今天都不是。由于投资银行和经纪交易商的存在是为了赚钱，然而他们可能——合法，但不一定道德。"

关于资产管理公司呢？"他们应该把客户的利益放在首位，毕竟，他们是受托人。但是他们中的一些人始终把自身的商业利益放在第一位。他们专注于所管理的资产、收入、盈利、大小或规模。他们都卷入一场追求更有效率和更高的利润的赛跑中。诚信的客户关系又怎么样了呢？今天，这种关系被不断蚕食。"

"这就像看患狂犬病的狗。有一种傲慢的感觉且必须不惜一切代价在竞争中获胜，但较少关注是否道德。"[4]

# 第七章　让投资者在绝望中看到希望

## 为下一次危机做准备

> 你们所肩负的主要职责是制定政策和确保长期投资政策的实施。投资经理不能代表你们去履行这一职责。这是你们的工作,而不是他们的。
> ——查尔斯·埃利斯(Charles D. Ellis),《战胜失败者的游戏》

2009年初,在美国股市创下近期金融危机以来的低点之前,我遇到了一个共同基金公司的代理人,他曾是美国航空公司1549次航班上的乘客。这架飞机由机长切斯利·苏伦伯格(Chesley Sullenberger)驾驶,他在哈德逊河上成功地完成了紧急迫降(见图7.1)。飞机上的乘客都听见了引擎逐

资料来源:美联社。

图7.1　哈德逊河上的奇迹

渐安静和飞行员开始对讲的声音。当在为这次可能的事故做准备时，他已经做好了最坏的打算。紧急迫降完成后，他撤退到机翼上，冰冷的河水拍打着他的双脚，乘客们在尖叫，这时他意识到……他得救了。

然后，这让我想到，对于许多经历了从 2008 年秋季到 2009 年春季的个人投资者来说，他的经历可以与其相类比：我们集体财富管理的飞机在紧急迫降。表明麻烦到来了的第一个真正迹象是贝尔斯登在 2008 年 3 月破产了。那么，雷曼兄弟宣布破产和主权储备基金跌破面值则意味着，某些地方的确出现了严重的问题。在 2008 年 9 月 15 日以后，这持续了整整一年，经历了接下来的 10 月和 11 月，我们可以感受到飞机仿佛在自由落体之中，并且有可能坠毁。

回到 2009 年 3 月，打个比方来说，我们仿佛都站在飞机的机翼上（见图 7.2）。我们在颤抖，在眩晕，在困惑，我们被难以置信的混乱所包围。我们仍然有许多忧虑，担心会爆发火灾或是飞机会下沉。我们的计划和安

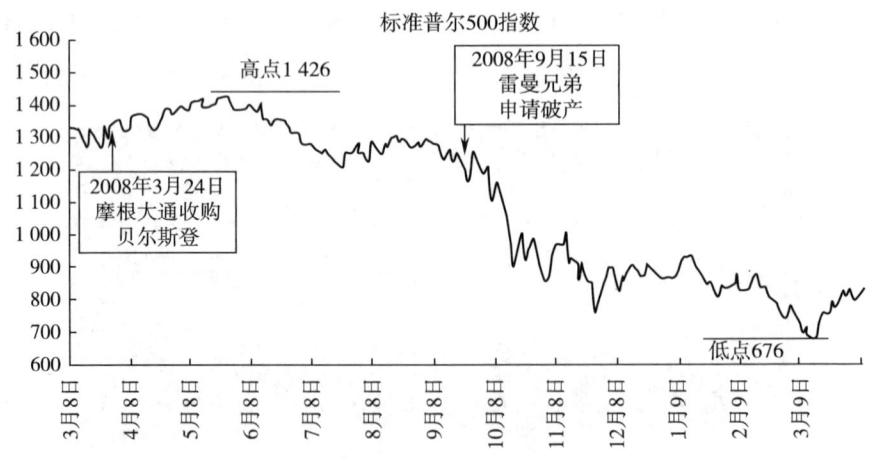

资料来源：RBC 财富管理—美国研究。

数据来源：彭博数据，事件日期源于 St. Louis Fed，《金融危机：事件和策略行动的时间轴》，2007 年 2 月 27 日。

图 7.2　华尔街的惊人时刻

## 第七章 让投资者在绝望中看到希望

排被完全颠倒,并且我们没有一点头绪该如何向前不久才明确的方向前进。

但是,非常确信的是,我们将会幸存下来。

事实证明,2008年秋季和2009年冬季是一次紧急迫降,而不是坠机着陆。

就像美国航空公司1549次航班上的乘客一样,在某种程度上,我们经历了一次给我们留下精神创伤的极端事件。我们中的许多人仍没有完全恢复。我们都曾有过濒临死亡的经历,都曾直视灾难发生的可能性。这个噩梦就是全球金融体系和全球经济面临完全崩溃和衰退的真实发生的可能性。如同站在漂浮在哈德逊河中的飞机机翼上的乘客们一样,我们可以说是被给予了另一次机会,可以根据这一极端经历来改变我们的行为方式。

## 惊鸿一瞥的礼物

我们应当视这种极端经历为一份礼物。正如查尔斯·埃利斯(Charles Ellis)所建议的那样,如果我们是自己个人财富的管理者并且对个人财务状况负有根本责任,那么我们有机会也有责任去利用好这份礼物。

我们度过了2008年和2009年的金融危机,那么我们从中学会了什么?我们应该学会些什么?

正如我们之前所看到的,全球金融改革最重要的组成部分之一是要求系统重要性金融机构提高比金融危机前更多的核心资本储备和流动性。同样,这一原则也适用于个人投资者,他们很可能继续生活在一个充斥着"黑天鹅"和极端市场波动的世界中。

在金融危机期间,我们有机会瞥见现代金融体系和全球经济的脆弱性。事实证明,由于其复杂性和关联性,现代金融体系和全球经济在受到非预期冲击时比以往任何时候都更脆弱。

我们能够看到的事实是现实世界比我们所愿意承认的更加无序，可以看到极端事件真的并确实发生了。正如意料中的那样，媒体、政客和监管者玩起"本应该做"、"本来可以"、"本应该有"之类的事后推卸责任的把戏，这并不重要。正如我们所了解的，住房价格虚高，金融企业的风险被低估，它们过度使用杠杆，并且用杠杆去放大非流动资产，而这些非流动资产只有小部分反映在资产负债表内，大部分则存在于不透明的特殊目的载体（SPV）中……这一切都不重要。极端事件如同信贷泡沫那样通常是不可提前预见或预料到的，即使是提前预见或预料到，极端事件也无法总是被规避。

纳西姆·尼古拉斯·塔勒布（Nassim Nicholas Taleb）的作品《黑天鹅》，在我看来是在2008—2009年金融危机之后，个人投资者值得阅读的最重要的图书之一。塔勒布提到了"黑天鹅"的重要性——小概率事件，其影响是极端的并且不能被预测到，但是可以对它进行回顾性解释。

塔勒布相信，"黑天鹅事件"发生的频率和影响正在增大，并且很可能继续持续下去。

"这一影响在工业革命期间加剧，因为世界变得越来越复杂，而正常事件，即我们学习和讨论，并试图通过阅读报纸来预测的事件，变得越来越不顺理成章。"塔勒布写道，"未来会越来越不可预测"。[1]

塔勒布引用了一个出自尤吉·贝拉（Yogi Berra）的未经证实的说法，"未来不再是过去的样子"，并且进一步赞同了他的说法，我们模拟（和预测）世界，但我们的收获很可能由于世界的复杂性增大而难以实现——这意味着不可预测性越来越重要"。不仅如此，塔勒布还告诉我们，越是重要的事件，我们越难以预测。[2]

身处一个"看不见随机性"的世界里，塔勒布表示"我们不能真正意义上做规划，因为我们并不了解未来。""但是，"他补充道，"这不一定是坏消息。我们可以计划，而同时考虑到这样的限制"。[3]

"你应该避免的是对大规模危害性的预测的不必要的依赖……对全部相关的可能发生的事件作好准备。[4]'黑天鹅事件'是不可预测的，我们应该去适应其存在（而不是天真地尝试去预测它们）。"[5]

由于国际金融机构间的相互作用和经济的全球化性质，"黑天鹅事件"不仅是不可预测的，其频率也在增加（见表7.1），而且事件的结果比以往任何时候都更具戏剧性。

正如塔勒布所写的那样："全球化导致脆弱性产生了连锁效应，并且这种脆弱性隐藏在一层稳定的外衣之下。换句话说，全球化创造了灾难性的'黑天鹅事件'。我们从未生存在这样一个受到全球性崩塌威胁的环境中。"[6]

## 四个骑士

塔勒布并不是唯一一个在经济危机之后提供高度相关信息的人。我为个人投资者，尤其是热衷于历史的投资者所推荐的另一本书是巴顿·比格斯（Barton Biggs）所写的《财富、战争和智慧》。

表7.1　　　　　　　　　另一个十年，另一场危机

| 时期 | 类型 | 受冲击最大的全球金融中心 | 至少两个不同的区域 | 每个区域的国家数量 |
| --- | --- | --- | --- | --- |
| 1825—1826年经济危机 | 全球 | 英国 | 欧洲和拉美地区 | 希腊、葡萄牙和几乎所有重获独立的拉美国家债务违约 |
| 1907年大恐慌 | 全球 | 美国 | 欧洲、亚洲和拉美地区 | 法国、意大利、日本、墨西哥和智利出现了明显的银行危机 |
| 1929—1938年大萧条 | 全球 | 美国和法国 | 所有地区 | 普遍的债务违约和银行危机 |

管 理 职 责

续表

| 时期 | 类型 | 受冲击最大的全球金融中心 | 至少两个不同的区域 | 每个区域的国家数量 |
| --- | --- | --- | --- | --- |
| 20世纪80年代的债务危机 | 多国（发展中国家和新兴市场经济体） | 美国（受到影响，但并非系统性危机） | 非洲的发展中国家、拉美国家和受影响较小的亚洲国家 | 主权债务违约，货币体系崩溃和恶性通货膨胀 |
| 1997—1998年亚洲金融危机 | 多国，1998年蔓延到亚洲以外 | 日本（受到冲击，但当时日本正处于解决自身系统性银行危机的第五年中） | 亚洲、欧洲和拉美地区 | 最初爆发于东南亚，于1998年席卷俄罗斯、乌克兰、哥伦比亚和巴西 |
| 2008年的全球经济紧缩 | 全球 | 美国和英国 | 所有地区 | 银行危机扩散至欧洲，并且股票市场和货币危机导致美元在区域中大幅贬值 |

资料来源：卡门 M. 莱因哈特（Camen M. Reinhart），肯尼斯 S. 罗格夫（Kenneth Rogoff）《这次不一样：八百年金融危机史》，第2版，普林斯顿大学出版社。

在对"二战"及其对个人财富的影响进行研究之后，比格斯得出了这样的结论："财富的土崩瓦解……对人类来说是常见的。"[7]

对那些拥有财富的人而言，最好谨记灾难是不可避免的，"一段时间的霍乱之后"，四个骑士又会开始骑马旅行，突然有一天，那些野蛮人终究会来到你的门前。[8]

换句话说，"事先考虑到可能出现的麻烦"。[9]

——巴顿·比格斯

为极端事件作好准备的重要性，即"事先考虑到可能出现的麻烦"，在我看来这是我们作为自己财富的管理者所应做的唯一最重要的事情。我们应该根据以往驾驶"财富飞机"时所积累的应急经验，区别对待可能出

# 第七章 让投资者在绝望中看到希望

现的危机。

以下四条是为最坏情景做打算时应遵循的原则：

1. 制订计划，以应对极端情绪的影响；
2. 在管理个人财富时，建立一个更大的安全缓冲或误差幅度；
3. 建立一个堡垒一样坚固的现金和流动性头寸；
4. 对待极端事件，采取多元化战略。

## 第一步：制订计划，以应对极端情绪的影响

在 2008 年和 2009 年中，我们很多人看到了在极端混乱的情况下，情绪是如何使我们不知所措的。它可以阻止我们作出管理风险或者利用投资机会的行为。

作为美国最大的财富管理公司之一的负责人，我发现自己在那段历史动荡的时期，向成千上万的客户和员工讲述，他们应该怎样应对危机。这些对话要么以安必恩或舒乐安定的睡眠药物开始，要么围绕这些话题开始，而这通常是最有效的。我看到人们如何拼命地想要联系拥有同样经历的人。我看到他们多么希望能够分享他们的想法。我看到他们渴望舒适、引导、保证……任何能够帮助他们回到原有立场，重新站在坚实的地面上的东西。说起那些房间里挤满了的忧心忡忡的投资者，每次我提到他们正在体会的情绪，如恐惧、恐慌、困惑……我发现他们都会频频点头。简单地说说这些情绪仿佛为他们提供了一定的舒缓和安慰。在我起笔，并由 RBC 财富管理发布了这份题为《创建一个明确的前进道路》的白皮书后，[10]我们一个员工从一次去印度的探亲旅行中回来时发现那条信息非常安慰和鼓舞人，就复制了一份钉到办公室墙上。

金融危机提醒我们，制订一个计划以应对严重的市场混乱造成的极端情绪是多么的重要。特别是当你认为事情与 2008 年和 2009 年一样糟糕时，

世界已经涌现出社会混乱和市场波动的各种方式，这超出我们的一切经历。我们只需要阅读比格斯的《财富、战争和智慧》，提醒自己，在2008年和2009年的冬天，我们无法像"二战"期间拥有财富的欧洲家庭那样，把珠宝缝在孩子的冬衣上，或是把银子埋在后院里。2008年和2009年标准普尔值从顶峰跌至谷底，下降了56%，可能看起来像是世界末日，但是和大萧条期间下降89%相比，就小巫见大巫了。

杰里米·格兰瑟姆（Jeremy Grantham），最有经验和见地的投资专家之一，在他题为《吓坏了，再投资》的季刊中写道，当市场打算破坏你的情绪时，需要有个"打破玻璃"的紧急计划。

"治愈麻痹只有一个方法：你必须有一个作战计划并坚持下去。"[11]

由于看到RBC财富管理的动态，客户在危机的早期阶段被强大和原始的情感吓瘫痪，因此我们开发了一个过程和一系列支持材料，使我们的财务顾问能够帮助他们的客户化绝望为力量。我们把那个过程称作RBC的"个人经济复苏战略"（PERS）。

如图7.3所示，PERS为金融顾问提供了一个循序渐进的方法，用于跟客户的讨论，帮助他们重新获得对情感的控制，作出冷静的决策。

这两个PERS步骤"评估"和"稳定"是一种理想的方式来开展第一个原理，就是学习如何处理极端情绪。第一个PERS步骤"评估"就是帮助客户建立一份坚定的情感基础。PERS鼓励财政顾问联系客户，唯一的目的就是聆听他们，没有议程，没有先入为主的观念，仅需要关注他们的情感。顾问需要了解他们的客户在害怕什么、担心什么以及可接受什么，这样他们就能提供良好的解决方案来满足客户的需求。这些往往是不涉及投资组合的问题，但对短期和长期计划有影响。就像关注一个已下岗的儿子或女儿一样去关注退休父母，他们由于资源的减少，需要额外的财政支持。经济危机的涟漪反应对很多人的生活产生了重大影响。

# 第七章 让投资者在绝望中看到希望

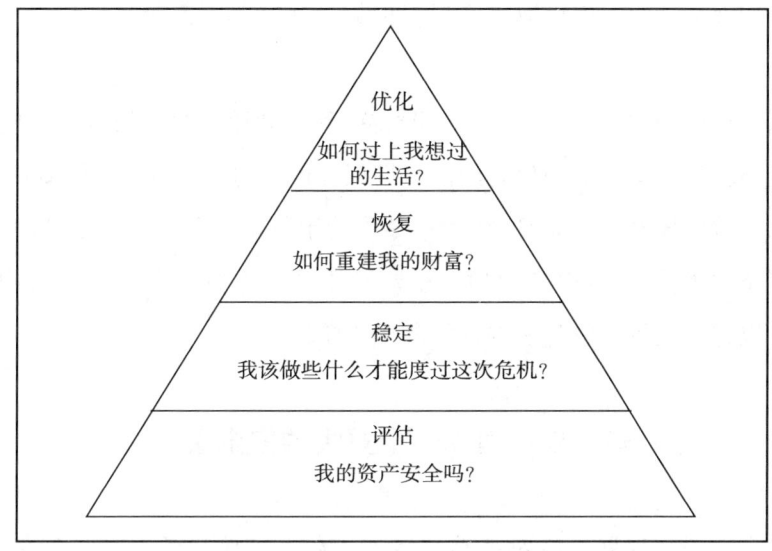

资料来源：RBC 财富管理—U.S.

**图 7.3　更明智地作出财务决定的四个关键步骤：PERS 金字塔**

通过研究客户如何看待自己的投资、市场和整体经济，我们的顾问就能够帮助客户不再产生自由落体的感觉，从而减轻相关的恐慌情绪，而这种恐慌使他们惊慌失措。PERS 金字塔代表了一个框架、一个计划，指导客户开始考虑如何在危机中航行。

PERS 的"稳定"步骤是帮助客户开始应对周围世界的急剧变化、混乱和不确定因素。个人投资其中一个可接受的信条是："如果有疑虑，什么都不要做。"这在正常的市场中是一个很好的建议。但是像在 2008 年和 2009 年的动荡市场中，它需要和另一个格言搭配使用，"如果被疑虑麻痹了，做点什么"。就我自己而言，"做点什么"涉及收获投资组合中由价值下降创造的损失在不改变市场风险的情况下，当市场复苏时，仓储损失创造价值，可以庇护未来收益。我还减少了信贷额度，以防止其上限可能会被召回或者封顶（更多内容将在本章后面介绍）。这些并不代表我的财务状况有大幅调整,但可以这么说,他们是让我不再迟疑、当机立断的行动步骤。

只有在处理情感后,只有从惊愕转换到行动后,个人投资者才能开始思考如何真正利用生命中仅有的由市场混乱创造的投资机会,如 2008 年秋季末的可转换债券,或者是 2009 年冬季的银行优先股,或者是 2009 年春季和夏季的优质股。PERS 评估和稳定阶段是个人投资者需要通过的必要阶段,以充分利用金融危机的恢复和优化阶段。

## 第二步:建立一个更大的安全缓冲

除了有一个计划来应对极端情绪外,在下一次"黑天鹅"到来之前,个人投资者还需要先发制人建立财务状况。这将帮助大多数人比上次金融危机更好地防御和面对极端的市场波动。

因为,不管我们喜欢与否,在我们有生之年,我们可能还要再次遭遇极端的市场环境。

任何想要在晚上清醒地思考那些极端事件的读者,都应该考虑阅读安德鲁·克雷皮内维奇所著的《7 个致命场景》。考虑其中的 6 个将会在你的投资组合中出现的极端事件和影响:

1. 巴基斯坦瓦解,从而对其核武器发起搜寻;
2. 美国主要城市被黑市核武器夷为平地;
3. 一种全球性的流行病爆发,发现美国边境群集数百万人;
4. 核武器武装的伊朗,挑起与以色列的战争;
5. 恐怖分子设法扰乱世界石油供应;
6. 穆斯林极端分子、伊朗等,威胁在美军撤出后接管伊拉克。[12]

即使那 6 个致命场景也不是真正的"黑天鹅事件",因为今天我们坐在这里,还可以预测和描述它们。真正的"黑天鹅事件","它的发生和时

## 第七章 让投资者在绝望中看到希望

机是完全不可预测的"。[13]真正的"黑天鹅""让你不知道的比你知道的更重要。"塔勒布写道。正是"它们的不可预测导致和加剧了""黑天鹅事件"的发生。[14]

那么，个人将如何建立幸免于致命场景或"黑天鹅"的财务状况和财富管理策略呢？

由格兰瑟姆、梅奥、凡·奥特罗有限责任公司（GMO）开发的7个不变的投资定律中第一条也是最重要的是"始终坚持一个安全边界"。[15]这意味着，在其他方面，当权衡某个资产组合的风险和收益时，不要像候鸟飞向太阳一样过于冒险。

在这次金融危机期间，我发现人们情感上所能承受的损失比理智上所能承受的损失要低。正如2008年秋季的情况，一个30%的投资组合亏损率（即一个三分之一的资产亏损），出现在完成金融计划或开设经纪账户时填写的关于风险承受度的调查问卷上，和真的出现在月度账户报表和投资组合报告上，对于顾客来说是完全不同的。当决定选择哪一个俱乐部进行下一次射击时，业余高尔夫球手们被建议选择一个比他们认为自己所需要的俱乐部更高的俱乐部。这样一来，他们能够更轻松地摆动，在击球时保存实力，并且更少犯让他们陷入困境的错误，同样的规则也适用于投资者。我们的最优资产配置或许看起来比较保守，但是数学建模的结果会告诉你，综合考虑风险和收益，最佳的配置结果就应该如此。

2009年市场稳定以后，我和我的财务顾问经历了一次考验，包括审查投资组合的结果，我可能会用不同的资产配置策略进行审查，并将其与我对自己的真正风险承受能力最近经检验过的新理解结合起来。

我们最终将投资组合在混合资产中的风险水平从年最大损失25%（根据1926—2010年的回归数据）减少到18%。这在纸上看上去好像并不多，但是在一场2008年和2009年这样的金融危机中，这意味着拥有能够安然度过危机的持久的情感和投降之间的区别，投降指的是不必要的对组合证券一部分或完全确认的亏损的清算。

## 第三步：建立一个堡垒一样坚固的现金和流动性头寸

坦率地说，很多投资者到了 2008 年和 2009 年，担心他们投资组合中的错误。他们花时间关注战术调整，比如是否要增大大市值股票敞口，小盘股敞口，或者是否要增大价值股对成长股的敞口。然而，如果他们致力于解决那些基础根本的问题，如"我是否有足够的流动性度过市场崩溃"，"他们的日子会更好过些？"其实我的意思是："如果信贷市场冻结，我是否能在两年内支付得起每日生活花费？"

主权储备基金的股东发现自己几个月都碰不到自己的钱，懂得了避难就易地分散现金来源的重要性，信用额度情况与此相同。在危机期间，许多银行的信用额度限制或取消，个人和小企业的信贷额度已经算得上满足现金流需求。

历史告诉我们，我们会从市场混乱中恢复过来。俗话说"世界末日只有一次……但这次不是"。到 2011 年 3 月，标准普尔 500 已经 100% 恢复到危机前的值（见图 7.4）。

但要从危机中恢复过来，就必须在危机中生存下来，这意味着，有足够现金的流动资源支付几年（可能）的生活费用。

沃伦·巴菲特也许是最善于表达的倡导者和最训练有素的从业者，他为自己伯克希尔·哈撒韦公司的流动性管理提供堡垒方法。在他的 2008 年致股东的信中，他列举了他和他的同伴查理·芒格所关注的 4 个目标中的首要目标，即"维持伯克希尔·哈撒韦公司"直布罗陀般"强大的财务状况，其主要特征是大量的超额流动性、适度的短期债务、收入和现金多元化的来源。"[16]

2010 年，巴菲特写信给股东："赛车运动的根本原则就是首先完成它，

## 第七章 让投资者在绝望中看到希望

资料来源：RBC 财富管理—美国研究。

数据来源：彭博。

**图7.4 别离开！看市场崩溃后是如何反弹的**

你必须第一个完成。"巴菲特接着描述了他的祖父欧内斯特给他的父亲和父亲的兄弟姐妹的信。他写道：

> 欧内斯特从未读过商学院（事实上他从未读完高中），但是他明白流动资金作为保证生存的重要性。在伯克希尔，我们承诺过，我们将会持有至少100亿美元现金……由于这个承诺，我们通常手上持有至少200亿美元的流动资金……
>
> 我们主要以美国国库券的方式持有现金，而避免收益率高于国库券几个基点的其他短期证券，我们早在2008年9月商业票据和货币市场基金的脆弱性变得明显之前就坚持了该政策……我们不依靠银行信用额度……[17]

金融危机最严重的时候，巴菲特写了两张支票给伯克希尔·哈撒韦公司的账户用来购买高盛价值5亿美元的优先股和通用电气30亿美元的优先股。2011年秋天，对欧洲主权债务、欧洲银行和欧元货币的未来担忧最为严重的时候，他又进行了类似的操作，投资50亿美元到美国银行发行的优先股。像许多其他观察员一样，我惊叹于巴菲特当全球金融体系崩溃时展现出的钢铁般的意志。这不是一件简单的事，但对于巴菲特来说这件事更为轻松，因为伯克希尔·哈撒韦公司在投资高盛和通用电气之后，2008年底还有243亿美元的现金和现金等价物。[18]

巴菲特所遵循的原则，同样是全球金融改革的重要组成部分，即持有更多的储备和更多的流动性，这也适用于个人投资者。机构和个人都生活在"黑天鹅"和极端市场波动可能持续发生的世界中。

杠杆水平同样也是在金融危机中生存下来的关键。金融危机期间很多金融机构倒闭的原因之一是他们当时负载着历史上最高的杠杆率。美国金融服务债务从1983年占GDP的34%增长到2003年占GDP的96%。到2009年，这一占比已升至120%。[19]

正如我们在第四章所看到的，加拿大银行业经受住风暴的原因之一是其相对较低的杠杆水平。金融监管改革的一个重要的组成部分是要求银行限制杠杆率，否则金融机构可能继续处于高的杠杆水平。再次，同样的原则也适用于个人。另一个不变的投资规律来自于格兰瑟姆、梅奥、凡·奥特罗（GMO），是"对杠杆保持警惕"。[20]

## 第四步：对待极端事件，采取多元化战略

与卷入到2008年和2009年（危机）的大多投资者一样，我对待传统的资产类别的投资十分多元化，股票、债券、现金、不动产对待跨部门股权资产类别同样如此——大市值股票、中小盘股和小盘股；以价值和增长为导向的投资；对国际公司和美国公司的投资。但是，与大多数投资者一样，我还没有一个真正多元化的方式，成为"黑天鹅事件"的有效担保。

从理论上来说，多元化的一个好处，即把鸡蛋放在多个篮子里，利用了一个事实，即不同类别的资产历史上往往有不同的表现，至少长期在正

## 第七章 让投资者在绝望中看到希望

常条件下如此。用更专业的术语表达，股票、债券、现金和硬资产的相关性低于1.0。

- 股票在经济增长期做得更好。
- 债券可应对增长缓慢和通货紧缩环境。
- 商品和硬资产能防止突然发作的通货膨胀。

问题是，虽然在正常的条件下，随着时间的推移，传统的多样化有助于保护投资组合价值，但当危机到来时，它往往起不到作用。在市场剧烈波动期，一件事经常发生，即传统的资产类别在短期往往走向一致……2008—2009年的金融危机中，这样的情况绝对发生过（见图7.5），它们都表现为价值下降。危机期间，当你听到这个专业术语"相关性达到1.0"，指的就是这个意思了。

比格斯在研究第二次世界大战期间的不同资产类别的表现后给出一个很重要的建议。他建议富裕的个人从他们的主要居住国转移至少一小部分资金，如5%，到不相关的货币中。另外，比格斯建议投资另外5%到最坚不可摧的资产——可耕种土地中。

"你能做什么？"比格斯问道。"用最简单的术语来说，使你的财产在资产类别和位置上都尽可能分散。"[21]

通过转移国内投资利润丰厚的资金到无风险资产的方法实现资金转移，是很痛苦的，也是很昂贵的，但是它已被视为灾难保险。不管你的祖国表现得多么安全，即使是在美国，每一个真正富有的人都应该在其他地方有一些资产。历史表明，没有什么是永恒的。极端的政治变化、恐怖袭击、金融体系的垮台，随处都会发生。货币多元化也是必不可少的。[22]

不管比格斯的建议严格来说是否是正确的策略，重点是，接下来个人投资者应该更多关注真正的灾难保险。正如投资者杰里米·格兰瑟姆告诉我们的，"投资中唯一重要的，是泡沫和萧条"。[23]

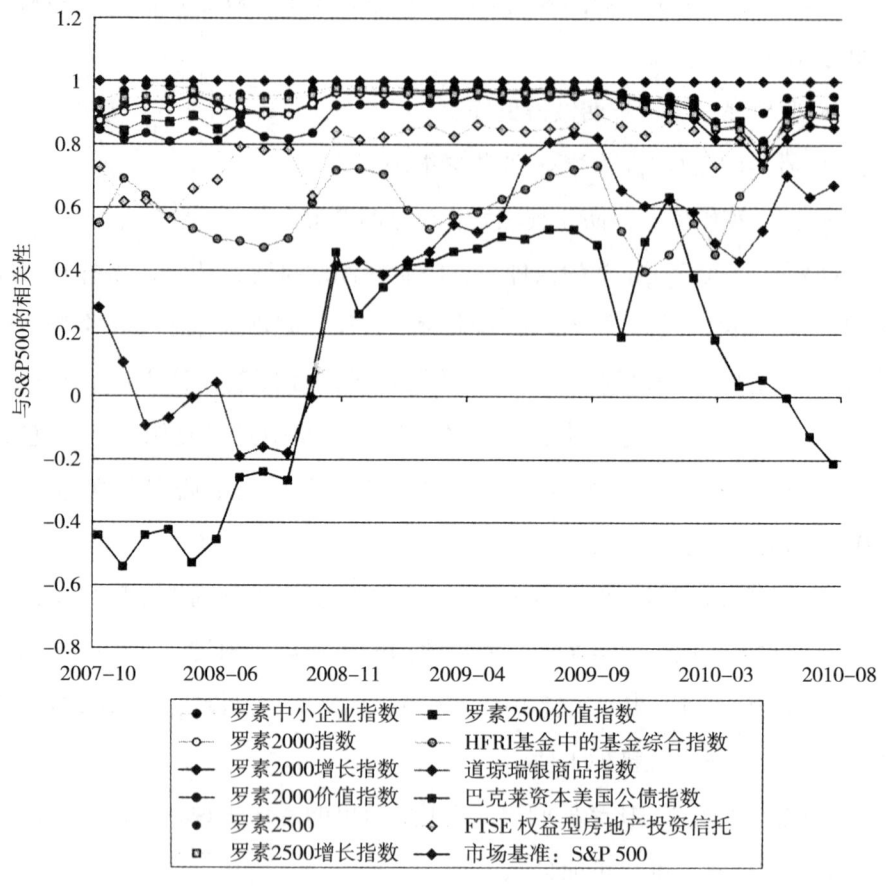

资料来源：RBC 财富管理—美国研究。

数据来源：西风社。

**图 7.5　在 2008 年危机期间，所有类型的资产表现一致**

这种洞察力，是金融危机给我们的礼物之一。

如果农田或土地看上去是一种过于粗笨，不方便，或者是流动性差的投资，那么黄金可能就够了。但要确保以实物形式拥有，并考虑在美国以外的国家保管。随着美国公共财产和财政政策持续不平衡，正如今天一样，以及万亿美元赤字延伸到眼所能及的范围，美元作为全球储备货币的

## 第七章 让投资者在绝望中看到希望

地位也处于危险之中。美元兑其他货币大幅贬值在未来的几十年里是合理的。这种情况将会使那些财富是以美元标价的人生活成本增加，这就是为什么拥有一篮子外币作为灾难保险的一种方式，是有吸引力的。

为极端事件作好准备——不管是泡沫、萧条、致命场景还是其他的"黑天鹅事件"——这是我们个人投资者更好地管理个人财富所能做的最重要的事。坦率地说，我们大部分人对于2008年和2009年的这些事件都没有作好准备。

作好准备的策略非常简单、直接，并有可能与常识相关。包括：大幅降低投资组合的风险；降低债务水平；建立并分散流动资金来源；通过非常规的多元化策略购买灾难保险。

这些都是"预计到未来的问题"的方法。这种类型的麻烦，至少和过去发生的一样频繁，或者发生得更为频繁。

此外，还需要做好其他准备来更好地应对"黑天鹅事件"所带来的金融问题，从而提升危机中存活的可能。

个人投资者对用来管理他们财富的策略和计划，要有深刻和坚定不移的信念。因为在经历如2008年和2009年动摇根基的极端波动时期时，信念是必需的。我们看到了道琼斯工业平均指数一天下降了777.68点，一周下降了1874.19点。我们需要信念来坚持不偏离或不放弃我们的财富管理策略和计划。投资者的理财计划需要建立在自己的信心之上，这样不管他们从财经新闻中了解到什么样骇人听闻的消息，他们都能依照自己的计划从容应对。

在金融危机最严重的时刻，我写了下面的话给RBC财务管理公司的客户：

我知道，关于金融市场的运作——如均值回归，如长时间内资产类别的可预见性，如多元化的价值——我有一定的核心信仰和信念，尽管媒体反复叙说现代投资组合理论的失败和"无处可藏"。我一直对自己重复这些信念,像是某种财富管理版本的主祷文。在此过程中,我逐渐明白了,只要遵循这些基本价值观行事,不仅我会坦然接受譬如坠机空难这种噩耗,而且可以这么说,我会感觉更好,想要更加主动地参与到整个事件当中,而不是仅仅作为危机事件的一个旁观者。

是什么使你深信不疑,以至于即使你错了你仍愿意接受后果?可以这么说,是什么使你深信不疑,以至于你做好准备和飞机一起下降?在贝尔斯登失败不到3年的时间里,资本市场的弹性已经被再次证实。但是金融危机最严重的时候,我们需要一种信仰,一种信念,仿佛市场能够自我救赎一样。

这就是我们在第三章中了解的"目的性",它是有效监管的品质之一。值得思考的是其他的管理品质怎样可以帮助你更好地处理未来的极端事件。

如问责制,看重你作为自己财富的管理者所承担的责任,并且最终意识到,财富如何被管理是具有责任的。

或者谦卑,得承认当你是最终责任人时,你不能单独执行一个财富管理策略。大多数人,尤其是那些在金融市场上并非每天都很活跃的人,需要借助财务顾问和其他专家的专业知识,特别是今天,提供给个人投资者的产品和服务的范围及复杂性令人困惑;特别是最佳投资机会并不总是在我们的后院,而是在全球;特别是当我们试图解决的财富管理挑战变得比以前更复杂。很少有人能自己将这些复杂的情况妥善处理,所有的解决方案和结构都要求要对自己的财富审慎管理。

或者深谋远虑,"预计到未来的麻烦",巴顿·比格斯说道。

或者,最后地,诚信。理智上的诚实在有效管理个人金融事务中是必不可少的。在本章内容的背景下,这意味着承认"黑天鹅事件"是不可能

# 第七章 让投资者在绝望中看到希望

预测和避免的。你认为能够避免,或者你认为应该有能力避免,实际上是人们从金融危机中得到的最差的教训。尽管继续相信你可以避免或者预测未来的危机,这是确保下一次危机比上一次更加具有财富破坏性最好的方式。

机长切斯利·苏伦伯格在《最高职责:我对真正重要之物的探寻》一书中,有关于美国航空公司1549次航班的记录,他提到那次航班四个月之后,调查员返还给他四纸箱个人物品,而他从其中一个装有中国饼干的箱子中找到一笔浸了水的钱财。这笔财富意味着,"延迟,比灾难好"。这时他想起他女儿曾经问过他的话"诚信是什么?"他记得他回答的是:"诚信意味着,做正确的事,即使不方便。"

"诚信",苏伦伯格写道,"是我职业生涯的核心。一名飞行员每次都要做正确的事,我把它叫做每日的忠于职守。这是比我们自己更大的事业"。

"我们每次都要做正确的事。"[24]

这个负责驾驶并载有155人航班的机长将飞机安全着陆到寒冷的哈德逊河水域。根据他的回忆录,关于"服务他人"、"诚信"、"每次都要做正确的事"、"忠于职守"等在《真正重要之物》这本书中也被提及,这多么有趣啊!

1549次航班持续了5分钟8秒,不是几个月,也不是几年。"黑天鹅"的原因,是特别紧急情况,鸟类撞击飞机引擎(这有万分之一的发生率),不是次级抵押贷款,不是过度杠杆化。它影响飞机上的乘客,而不是持有财富管理投资组合的投资者。

然而,拯救了这155个人的理念同样也将会在下一次的金融混乱中拯救我们。拯救我们的,将是强大的金融管理价值,正如同一个将其付诸实践过并以"服务世界"为己任的人所描述的那样。

## 插曲
## 反复无常的掠夺

> 由便捷的电子交易公司引起的极端掠夺使个人投资者感到恐慌和疑惑,而这些投资者正是我们生存所需的新鲜血液。作为一个经纪人,我每天都能听到这样的言论。昨天就是一个绝佳的相关例证。道琼斯指数在一天之内波动幅度达到了400点,尤其在收盘前几分钟更加摇摆不定。许多投资者甚至还未反应过来世界末日的到来,几分钟以后世界却看起来是那么美好。我们正在失去那些觉得市场在与他们作对的投资者。债券市场不再是一个公司可以融得资金、投资者分享美国主要公司增长带来收益的平台,而更像是一个不提供免费饮品的大赌场。
>
> ——摘自一封来自金融顾问的邮件

近些年来,世界愈发不安定。2011年,日本遭遇了海啸并引发了核反应堆泄漏,美国国库券信用评级被下调至AA+级,欧债主权危机愈演愈烈,8月连续4天道琼斯指数变动幅度超过400点,这是自该指数出现115年以来从未有过的。来自决策研究的心理学家保罗·斯洛维奇(Paul Slovic)发现投资者此刻的心情至少和他们2009年的时候一样差。《华尔街日报》报道称:"如果有人问他们'昨天是否为钱发愁',73%的人会给出肯定的答案,而这一比例在两年半之前是56%。"[25]

CNBC的电视明星吉姆·克拉默(Jim Cramer)在写书时提到了小额投资者的挫败感:"我们什么都不想要。我们不想让股市上涨,也不想它下跌,只希望能够保持平稳。我个人坚定地相信这些(在股票市场和债券市场的)波动对个人投资者没有什么好处……价格下降的速度太吓人了……美国证券交易委员会应该对个人投资者不断离开股市进行调查。他们会发

## 第七章　让投资者在绝望中看到希望

现，在某种程度上，正是这些波动使得许多人无法坚持下去。"[26]

就我个人而言，我每年都会收到上百封来自金融顾问的邮件，在邮件中他们列举了认为对客户意义重大的问题。一位来自科罗拉多州博得的从业30年的资深顾问写道："普通投资者被目前变化无常的投资环境吓得要死，动弹不得。"他哀叹道："那些为孩子上大学和退休后攒钱的中产阶级和蓝领工人是被剥削者，在债券市场几乎没有收益的情况下被迫进入股市。"

股市波动愈发剧烈的原因仍不明朗，但对所谓的高频交易的潜在影响（目前占纽交所交易额60%以上的计算机驱动交易策略）反映了投资者对进入资本市场的犹豫不决。

"高频交易者是否操纵了肮脏的廉价出售？"CNCB的一个头条曾这样问道。[27]

"主动进行交易的日子已经一去不复返了。"一位路透社的博主这样认为，"在和理性机器的竞争中，个人投资者不再拥有任何机会"。[28]

RBC已退休的投资策略师菲尔·道（Phil Dow）最近描述了他所经历的情形："相对于高频和对冲股票市场操作员驱动的掠夺性流动资金，投资者的退休金处于明显的不利地位。"[29]

另一位金融顾问也表达了相似的担忧："当监管者所保护的房屋快被烧毁时，他们仍未赶到现场。如此看来，人们对市场和监管者没有信心也不足为奇了。根据32年来在各种可想象的市场环境中的工作经验来看，我认为我们现在处于一个至关重要的交叉点。投资者大规模的远离，伤害了他们自己和我们的产业。"一个凤凰城的投资者这样说："市场无法承担驱逐所有投资者的代价。认识到可能存在的问题，并且尝试通过与不同阶级的投资者保持双边对话来解决问题，对构建良好的投资环境是极为必要的。"

去年夏天，美国证券交易委员会传讯了高速交易公司的高管，以估量他们在那段时间内对市场压力的影响，并通过了一项对高速交易公司"大额交易"采取更为严格的信息披露机制的规定。不久之后，美国金融业监管局（FINRA）和几家交易所出台了旨在抑制极端波动的市场短路机制的操作框架。《纽约时报》报道称，至少一名美国商品期货交易委员会委员呼吁限制高频交易公司并对它们的交易运算法则进行测试。但考虑到人们对金融市场的猜疑，为了使投资者恢复信心并为长期经济增长提供稳定资金，监管者所需要做的远远不止这些。[30]

# 第八章 环境、社会和管理投资

## 这会是答案吗?

世界更加复杂,联系更加紧密。环境,社会和政府投资(ESG)都在起作用。

——克里斯多夫·爱尔蒙,首席投资官
加利福尼亚州立教师退休系统

重新连接我们金融机构的领导人,连同他们的管理使命,价值观和责任,是减少未来金融危机的宽度、范围和持续时间的关键。这是一个好消息,但是,我们如何才能让其发生呢?玛格丽特·米德(Margaret Mead)说得好:"永远不要怀疑,一小群有思想、有奉献精神的公民能够改变世界。事实上,发生过的事情尽是如此。"或者正如布彻敏斯特·富勒所说,"通过改变5%人口的思想,一个人可以有效地改变这个社会运作的方式"。[1]但是人们如何改变这小小的承担着义务的5%呢?

答案也许在于"道德与自我利益之间的重叠区域"〔引用作者斯蒂芬·杨(Stephen Young)的话〕以及在于为领导者建立一个把对"自我利益"的追求置之于后的激励机制。[2]

一个实用的方法可以让领导者的行为像一个更好的管理者,就是在经济上和财政上使他们认为这样做值得。这些领导者包括董事、首席执行官、首席财务官、首席运营官、首席行政官、主席、总经理以及金融机构的合作伙伴。实施这个办法,我们拥有的最好的工具或许是一个新趋势,主要在机构投资社区执行。该趋势是筛选出和投资于那些能够证明自己有处理环境、社会以及管理问题的能力的机构。

环境、社会和管理投资（简称 ESG）是人们通常所说的社会责任投资（SRI）的最新升级版。在美国，SRI 的第一个例子可追溯到 18 世纪，据说当时贵格会教徒拒绝投资武器和奴隶制，独立战争中和平主义者联合抵制由大陆会议发行的债权，因为募集资金可能会最终资助战争。

最初，SRI 是用于负面性或排除性的筛查（通常是围绕"罪恶部门"）：不要投资以下公司——制造香烟、剥削童工、分发酒精饮料、经营赌场或者制造地雷的公司。

然后，到了 20 世纪 60 年代，投资者开始利用所有权来影响公司董事会和管理层。约翰·哈林顿——哈林顿投资的一员，在他的书《凭良心投资：如何利用社会责任投资获得高回报》中记录了一些早期的股东维权运动。[3] 表 8.1 重点列出了 ESG 投资自 1995 年以来的一些里程碑事件。

表 8.1　　　　　　　　　ESG 被主流接受的道路

| | ESG，SRI 以及可持续投资的里程碑事件 |
|---|---|
| 1995 | 在英国，1995 年《养老金法》的一项条款要求养老基金高管披露他们是如何考虑投资过程中的 ESG 问题。随后类似的法规在整个欧洲引进，推动了整合该地区 ESG 因素的投资策略的需求。 |
| 1998 | 美国劳工部发出函件声明，社会责任基金符合雇员退休收入保障法（ERISA）的信托标准。 |
| 2000 | 英国引进了第一条法规规定了 ESG 注意事项在养老基金受托人信托框架内是合法的。对欧洲来说更广泛的影响在于可以帮助推动 ESG 投资向欧洲大陆迈进。 |
| 2003 | 美国证券交易委员会通过修正案要求共同基金管理者披露他们的代理投票行为的相关信息。 |
| 2005 | 联合国责任投资原则推出。同年，联合国环境规划署和总部设在伦敦的弗莱希福尔德·布鲁奇汉斯·德林杰有限责任合伙律师事务所的另一份研究进一步说明，ESG 不仅是合法的，而且是养老基金受托人的信托责任中必不可少的一部分。 |

续表

| 2010 | 英国管理法规建立,为机构投资者成为有责任的股东提供了最佳实践。该法规鼓励投资者解释他们在何种程度上遵守守则,或者解释为什么没有遵守。荷兰和欧盟也在考虑类似的政策。另外,美国证券交易委员会在提交的文件中发布了关于气候风险披露的指导。 |
| --- | --- |

资料来源:①Thao Hua,"ESG 被主流接受的道路",载《养老和投资》,2011.01.24。
②1998 年数据资料,源于多米尼社会投资有限责任公司,http://www.domini.com/common/pdf/DOL - Letter.pdf。

## 社会责任投资 = 环境、社会、管理投资 = 可持续性
## (SRI = ESG = Sustainability)

约翰·哈林顿的书中有一个特殊的例子,其中有个案例,一个被称作"战斗"(自由,整合,上帝,荣誉,今天)的黑人活跃组织,接管了伊士曼柯达公司并负责该公司的招聘工作,而"战斗"认为它的招聘工作带有歧视性。当伊士曼柯达公司未能兑现承诺在纽约的曼切斯特创造 600 个工作岗位时,"战斗"把他们的情况拿到了公司 1967 年股东大会上。在联合基督教会和一神论的普救主义者与会代表的帮助下,"战斗"成功地迫使该公司履行招聘承诺,并且引进工作培训计划,作为额外补贴。

有一个更为人熟知的例子,投资者利用他们的投资资金所产生的社会、政治和经济上的变化,在南非种族隔离期间,采取了撤资运动。投资者逃离或者威胁将离开在南非盈利的公司。

据 JP 摩根 2010 年的一个报告显示,另一个版本的 SRI,即影响投资,也叫做社会投资,成为今天独特的资产类别。影响资金将资金投入社区服务水平低下的传统金融服务。小额信贷也许是影响投资最为人知的形式。影响投资从业者的另一个焦点是为诸如水缺乏或可再生能源的挑战提供创

新的解决方案的公司。许多基金会同样找到了通过任务相关投资方法来创建集中的影响，通过这些方法，基金会争取将他们的资金与投资捐赠的焦点相匹配。

如今，影响投资和任务相关投资都是 SRI 的许多变体和版本之一，包括责任投资、伦理投资和价值观为基础的投资。这些方法采用了许多不同的投资理念和方法论，包括：参与（利用所有权影响公司董事会和管理层），负筛选（避免罪恶部门，如前文所述），主题投资（专注于为诸如水缺乏或可再生能源的挑战提供创新的解决方案的公司）以及社区投资（投入社区服务水平低下的传统金融服务）。

这些方法的从业者包括机构资产管理者，如共同基金、主权财富基金、基金会和捐赠基金、养老基金和越来越多的与投资顾问一起工作的高净值个人投资者。

社会责任投资中最新的一项创新就是 ESG 投资，也称作可持续投资。我们将会在后面的章节中看到，ESG 代表了一个根本性的改变，即从投资决策中道德考虑作为主要因素到强调经济实践和可持续操作实践。ESG 投资是通过公司和公司的股价和公司的股价长期是如何表现等迹象，为公司检查企业社会责任实践情况。

目前，为了产生优越的投资回报，影响公司领导的行为和影响社会变化。社会责任投资的从业者正参与到期刊文章的战争中，探讨最有效的 SRI 方法。如社会投资论坛基金会所说：

使这些多样化的投资方法联合起来，并最终使之从受管理的资产更广阔的领域中脱颖而出的，正是将 ESG 问题直接纳入到投资决策、基金管理或股东活动。特定的 ESG 因素以及它们的使用方式在不同的投资者之间可能大有不同，机构或基金经理的策略和技术的考虑通常也是特定的。但是基本的策略有足够多的共同特征，供观察、测量。[4]

多米尼社会责任投资的创始人以及《社会责任投资：赚钱，并改变世界》的作者艾米·多米尼清楚简单地写道："是什么让经理在社会责任投资中成为一个专家？……他们通过一些标准来选择投资，其中包括（某投资）对人类和地球的影响。"[5]

帕克斯世界投资总裁兼首席执行官约瑟夫·基夫（Joseph Keefe）为社会责任投资的化身 ESG 提供了一个同样简洁的定义："基于环境、社会和管理（ESG）因素的金融重要性，将这些因素完全整合到投资分析和决策中。"[6]

## 环境、社会和管理问题：一些社会责任投资者关心的问题的例子[7]

**环境问题**

- 气候变化
- 水资源稀缺
- 当地环境污染及废物管理
- 新法规扩大环保产品责任界限

**社会问题**

- 工作场所的健康与安全
- 劳动和人权问题
- 政府和社区关系
- 慈善捐赠
- 劳动力多样性

**政府问题**

- 董事会结构和问责制
- 会计和披露经营活动，透明度
- 高管薪酬

- 腐败和贿赂问题的管理
- 洗钱和恐怖主义融资

ESG 投资背后的理念是公司从事可持续业务实践，平均来讲，随着时间的推移会表现得更好。这些业务实践包括减少他们的碳足迹，减少稀缺能源或环境退化消费，善待公司员工，不仅要认可还要鼓励劳动力的多样性。ESG 公司已经围绕着补偿部署了责任管理实践，并进一步反馈和投资公司员工、客户和顾客所生活和工作的社区。表 8.2 显示了被认为是有吸引力的 ESG 投资的公司以及原因。

表 8.2　　努力满足更高标准：六个公司实例，它们被认为是有吸引力的 ESG 投资

**联合利华（伦敦，英国）**

全球食品和消费品公司，旗下品牌包括立顿、赫尔曼、Ben & Jerry's、德芙、凡士林。

争取到 2020 年，让其所有纸张和包装材料来源于可回收或可持续管理的森林。

在全球范围内，其茶叶超过 20% 来自于雨林联盟认证农场。

致力于让其鱼类 100% 来源于可持续资源。

**诺和诺德股份公司（Bagsvaard，丹麦）**

丹麦制药公司，专注于糖尿病产品的发现、开发、制造和营销。

药品计划供应胰岛素遍布 36 个最贫穷的国家，包括喀麦隆和坦桑尼亚。

在儿童节目"改变糖尿病"中，建立 13 家诊所，接收了约 800 名糖尿病儿童。

以西方胰岛素价格的 20% 或者低于 20% 的价格出售胰岛素到 33 个国家。

**约翰逊控制（密尔沃基，威斯康星，美国）**

汽车系统制造。混合动力汽车锂离子领先供应商。

联合国全球契约和关注气候变化签署方，参与联合国全球契约和世界可持续发展工商理事会的全球性活动。

保证遵守克林顿气候倡议（CCI）和市政府工作，提高能源利用率。

建立 www.MakeYourBuildingsWork.com 网站，为业主估计可实现的能源和运营成本的节约以及可减少的碳排放。

# 第八章　环境、社会和管理投资

续表

**迪尔公司（莫林，伊利诺伊州，美国）**

迪尔公司成立于 1837 年，主要经营农业、建筑、草坪和林业设备。

迪尔公司 EHS 管理系统包括控制和持续改进环境管理措施的记录过程。

在所有生产基地开展第三方审核，以验证是否符合标准。

部分产品中使用回收或可再生材料，如某些成分中使用的玉米和大豆为原材料制成的塑料。

**美国西南航空公司（达拉斯，得克萨斯州，美国）**

美国最大的国内航空公司。

西南航空的工资和福利高于行业平均水平。

第一家建立利润分享的航空公司，现在员工拥有公司 5% 股份。

培养"员工第一"的文化，认为这种理念会带来客户满意度和航空公司的利润，而公司的确已经连续盈利 38 年。

参与美国倡议的运输航空协会者，自愿在 2005 年到 2025 年期间减少 30% 温室气体排放。

**美国 BD 公司（富兰克林湖，新泽西州，美国）**

全球医疗技术公司，开发、生产和销售医疗设备、仪器仪表系统和包括传染病和癌症的试剂。

与合作伙伴国际护士理事会在非洲为医务工作者建立健康中心。

使用低技术方法防止七种浪费：低效加工、不必要的操作、等待、制造过多、修复缺陷、移动东西和过量库存。

高管薪酬结构与业绩挂钩，薪酬和长期价值以及公司的财务稳定性保持高度一致性。

资料来源：SRI 财富管理集团、RBC 财富管理—美国特定公司相关的 ESG 研究由 MSCI 股份有限公司提供，包括 10 - K 文件、公司可持续发展和年度报告。

有个假说认为，随着时间的推移，在 ESG 方面领先的公司将超越他们的竞争对手。那么，什么可以使得这种说法站得住脚呢？

首先，ESG 投资者相信，这里描述的商务实践是管理质量的一种指示。

高盛投资公司写道："ESG 绩效是管理质量的一个表现，因为到目前为止它反映了公司应对长期趋势以及保持竞争优势的能力。"[8]

ESG 投资者还认为，这里描述的开明的商业实践种类，能够降低风险，不管是诉讼风险、水或能源的输入枯竭风险、监管风险还是声誉风险。

正如企业社会责任组织所说：很多投资者把"ESG 强劲的绩效表现当做是强有力和有效管理的代表。ESG 问题的鉴定和监管表明：管理对于公司外部经营环境的认知度很高，""可以作为公司管理风险和适应其商业模式面临新挑战的能力的指示"。[9]

2006 年出版的《责任投资原则》大大推动了 ESG 投资。该原则是 2005 年由联合国秘书长办公室系列行动的产物，当时召集了 20 个左右世界上最大的机构投资者。截至 2011 年 9 月，900 位来自于 47 个国家的最受人尊敬的养老基金和投资经理，签署了这个原则[10]（见图 8.1），该原则由以下声明开始：

作为机构投资者，我们有责任为我们的受益人的长期利益采取行动。在这个受托的角色中，我们相信，环境、社会和管理（ESG）问题会影响投资组合的绩效。[11]

联合国原则要求投资者做的事情，其中包括：
- 将 ESG 问题纳入到投资分析和决策过程。
- 通过他们投资的实体，寻求适当的机会披露 ESG 问题。[12]

ESG 投资另一个催化剂就是金融危机本身，它暴露了薄弱的企业管理实践风险，例如风险管理程序和薪酬政策。

《机构投资者》表明，由于金融危机，"公共养老基金、主权财富基金和保险公司意识到，虽然他们有远见，但他们所做的很多投资决策以及他们的投资公司的决议，都是短期的，在某些情况下风险很高。主要金融机构的行为，特别是它们承担的风险和制造的奖金，让人们紧张。"[13]

# 第八章　环境、社会和管理投资

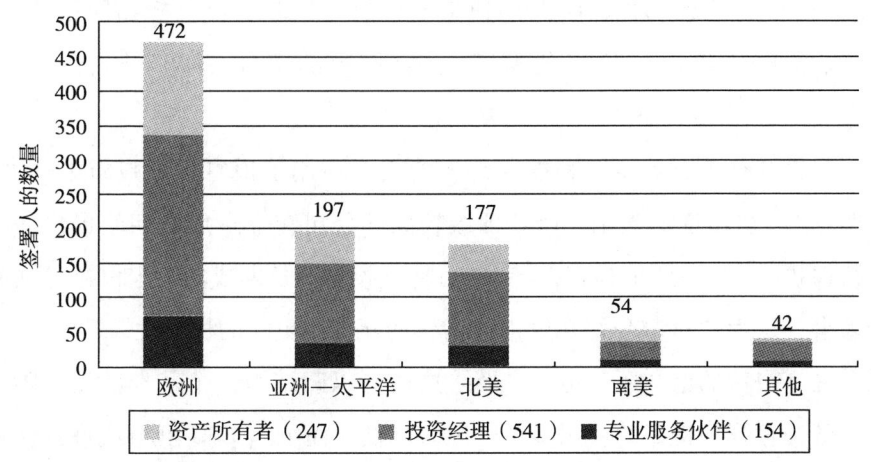

资料来源：责任投资原则，www.unpri.orh. Data，2011年11月1日。

**图 8.1　可持续投资：欧洲引领世界**

"金融危机向投资者表明，我们并没有在监管那些真正重要的东西"，加州公务员退休基金全球股市的高级投资组合经理辛普森说道，"如果你看大银行的董事会，他们选择了所有好的企业管理的方法。但是金融危机告诉我们，我们看到的是，都只是表面的。"[14]

## 实现增值回报（α）

随着时间的推移，ESG 投资是否可以实现增值回报（α）一直饱受争议。在这一点上，下定论还为时尚早，因为衡量 ESG 投资的时间框架需要几十年，而不是几年。但是，有些早期的数据是令人鼓舞的。

例如，2005—2007 年，在高盛 GS SUSTAIN 关注列表上的公司，回报超过 MSCI 世界指数 25%。[15]高盛承认"很明显，关于我们的方法论，我们还没有一个长期绩效记录，但是，我们相信，早期的迹象还是令人鼓舞的"。[16]

"结合我们专有的 ESG 框架到截至目前的长期工业分析和回报分析，使我们能够挑选出最顶级的精英"，它们中的 72% 都优于同行，高盛报道。[17]

一篇刊登于《养老金和投资》上的文章引用了道富环球投资的研究，表明："有初步证据显示，ESC 评级较高的公司在金融危机期间提供一些下行保护。"[18] 克里斯·马克奈特，《可持续投资：长期成功的定位》论文的合著者，认为"这些公司在熊市最糟糕期间提供更大的稳定性"。[19]

马克奈特的论文还写道："最终这些可以归结为一个基本前提，随着时间的推移管理良好的公司很可能风险更低。而纳入 ESG 框架或许是保护股东价值有效的一个方法。"[20]

然后是多米尼社会指数（DSI），也叫做 MSCI KLD400 社会指数。1990 年开始，艾米·多米尼和她的同伴设计了一个指数，以标准普尔 500 指数作为基准，但是，从环境、社会和管理角度筛选出表现不佳的公司。在将 ESG 因素纳入其商业模式的方法中，他们还增加了具备前瞻性的公司和行业领导，虽然 ESG 是一个缩写，1990 年指数上线的时候，它还不存在，但他们确实从环境、社会、企业文化（包括管理）的角度筛选出了投资组合。多米尼社会指数在结合实际和风险调整的基础上已经超过了标准普尔 500 指数基准逾 20 年。

毋庸置疑的是，ESG 投资的利润在最近几年急剧增长，就像被管理的资产一样。

"ESG 投资已经从边缘地带转移到机构投资的主流"，《养老金和投资》2011 年 1 月特别报道。[21]

ESG 在美国的资产在 2010 年年初增长到 3 万亿多美元，比 1995 年的 6390 亿美元增长了 380%，1995 年社会投资论坛基金会开始追踪这一趋势。2007—2009 年三年内，标准普尔 500 指数下降，传统投资资产增长不到 1%，而 SRI 资产增长了 13%。如今，基金会估计，在美国，专业管理下每 8 美元

## 第八章　环境、社会和管理投资

中就有1美元"参与一些社会责任投资"。[22]在欧洲（SRI的领导者）SRI管理下的资产增长更强劲，2008—2009年两年内增长超过85%，相当于2009年的6.5万亿美元。

ESG投资者日益增长的一个重要标志是，越来越多的上市公司公开披露它们在ESG绩效中的数据。道富环球投资研究指出，根据全球报告倡议组织，来自65个国家的1350家公司在2009年发布了这样的报告。[23] "彪马（运动鞋类和服装品牌）是法国巴黎春天百货集团的子公司（包括古奇、斯特拉、麦卡特尼和伊夫圣罗兰）声明，它将发表环境损益的声明，这将为这个品牌对生态系统的全部经济影响负责。"[24]

早在2007年，RBC建立了企业社会责任的新方法。RBC是北美最大的金融服务公司之一，一直被认为是世界上最可持续的投资导向型公司之一。

RBC在面临越来越多的来自于利益相关者不同类型问题的研究问题和要求时，开始推动了可持续的更系统的方法的发展。RBC为其全球业务战略进行了全面评估，确定了利益相关者的利益和关系，然后确定了业务战略和利益相关者利益最强的交叉点。例如，类似RBC的其他银行，在某些程度上，人们也希望它们能为它们的客户行为负责，尤其是那些向它们提供信贷的客户。

RBC为管理企业责任的不同元素制定了一个总体框架、版本和方向，在每年100页的企业社会责任报告中，加拿大皇家银行的方法被称为"RBC蓝图——我们会做得更好"，它将以摘要形式在图8.2中列出。

"很明显，我们已经进入一个时代，越来越多的人在投资选择时有更多想法，对公司行为的审查更加详细。"RBC首席执行官戈登·尼克松说道。"没有回头路，企业管理人员若忽视这一现实，将置自己于危险之中。的确，精确的责任轮廓可能无法为社会详细地定义，但是更多的人将会为自己定义轮廓。他们将会为自己决定，怎样是一个负责任的公司。他们将

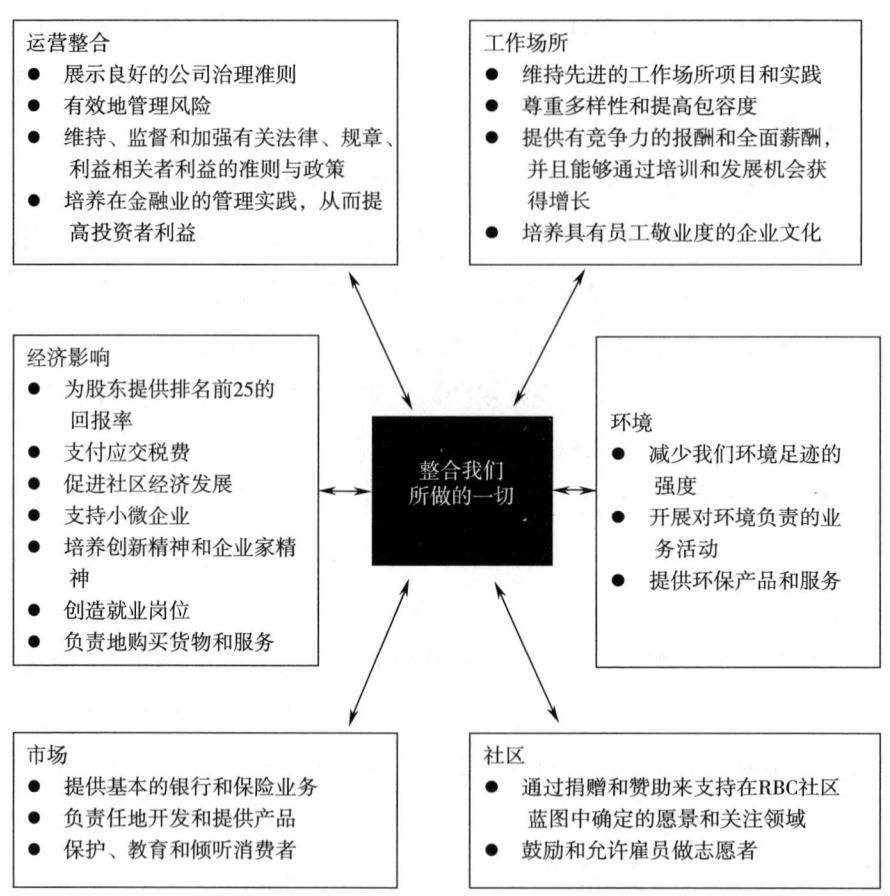

资料来源：加拿大皇家银行，2010 年企业社会责任报告和公共责任声明，8。

图 8.2  RBC 蓝图——我们会做得更好

会据此投资自己的钱。"[25]

2011 年 9 月《哈佛商业评论》几乎整期都是献给主题为"伟大的公司是如何以不同的方式思考"的文章。杂志的节选中写道："随着时间的推移，表现最好的公司在他们的操作中建立了一个社会目的，这和他们的经济目的一样重要，他们结合金融和社会逻辑建立持久成功，而不是纯粹的盈利机器。"[26]

## 第八章 环境、社会和管理投资

2008 年，美世，一家领先的投资顾问公司，宣布将 ESG 问题和分析纳入投资经理搜索中。[27]

2009 年全球投资经理调查显示，63% 的受访者表示，他们都处在与投资经理一起将 ESG 事业纳入合同当中的过程中，从前年的 38% 一直上升中。[28]

富达投资现在将 ESG 信息提供给他们的投资者，作为在线投资工具的一部分。[29]

## 良性循环

ESG 和其他 SRI 策略管理下的资产越多，潜在的可流动美元就会越多地从保证金流向 ESG 排名很高的公司股票。这些股票的需求越多，排名靠前的公司潜在股东总回报就会越好。

结果呢？"ESG 绩效高的公司，由于他们在企业责任项目中的投资而受到奖励，形式包括改善的分析师评级、更多的投资者兴趣和潜在的更高的股票价格。"[30]或者换句话讲，"投资者越来越多地寻找拥有积极的环境、社会和管理绩效的公司，原因不在于他们道德上令人钦佩，而是因为从长期来看他们可行性更高。"[31]

汤姆·范·戴克——洛杉矶 RBC 的 SRI 财富管理集团的创始人和高管解释道，"一个管理团队，奉行可持续管理理念，以此降低成本、增加收入、改善品牌、降低风险并吸引人才，如果他们是你的竞争对手的话，他们将会超过你。这些超过的部分，从 ESG 角度来看，增加了 ESG 业务不好的公司的加权平均资本成本，降低了 ESG 业务好的公司的成本。"[32]

哥伦比亚商学院副教授维纳·奈尔，向《机构投资者》说道："如果未来三年，从总资产中额外分配 5% 到可持续股权市场，那么业务好的公司每年业绩将比业务差的公司高 3%"。[33]

高管薪酬相当大的比例和绝对或相对股价业绩挂钩，这就是负责任的管理的动机所在。

在波士顿经济俱乐部 2010 年的一个开创性演讲中，帕克斯世界投资的总裁和首席执行官约瑟夫·基夫设想到，"将会创建一种良性循环：投资者可以在整合了可持续性的投资中获得更高股价，公司因此可进一步提高他们的可持续性业务"。[34]

"这不仅仅是获得高额回报"，基夫说道，"它也影响企业行为和最终市场行为"。[35]

也许，ESG 投资会影响企业的股票估值，这些企业在卓越管理的维度内，排名很高。如果是这样的话，我们将会找到所有我们所需要的杠杆，奖励那些像负责任的管家一样的领导者，以及改变不这样做的人。

这是 ESG 投资巨大的潜力。

这已经发生了。2011 年，麦肯锡公司进行的一项对 3203 名高管的调查显示："很多公司积极整合可持续性原则到业务中，他们这样做：追求的目标远远超过了早期声誉管理的关注点，譬如：节能、开发绿色产品、保留和激励员工，所有这些都能够帮助公司通过资本增长和回报获取价值。"[36]

2011 年 11 月在证券业和金融市场协会的年会上，采访查理·罗斯时，花旗集团首席执行官维克拉姆·潘伟迪引进了"责任融资"的概念。他说"在花旗，我告诉我们的员工，在做任何事情之前，或者是与客户达成任何交易之前，最好问自己三个问题。第一，这是你的客户感兴趣的吗？第二，是否给任何人增加了经济价值？第三，从系统性来讲，是否可靠？就是以上三个问题，而且这三个问题的答案应该是肯定的。那么，你就在负责任的融资。"[37]

正如《哈佛商业评论》的作者伊冯·乔伊纳德、基布·埃里森和里克·里奇韦在书中所写："每个领域内的进展，都会鼓舞其他的进步。在某种程度上，长期追求公司的繁荣，拥有行业内的最佳利益，不仅是可能的，而且是不可避免的。"[38]

该潜力的其中一部分就是，ESG 投资也许同样能够加强金融市场。正如世界银行国际金融一份名为《未来的证明吗?》的报告中雄心勃勃地写道："更多地考虑环境、社会和管理问题，最终将导致更好的投资决策，建立更强大更具弹性的金融市场，为社会的可持续发展作出贡献。"[39]

"没有比这更好的方法，来重塑公众对市场的信心，建立一个繁荣的经济未来。"[40]

## 插曲

### 这是一个漫长的人生：短期行为的麻烦

我的父亲是耶鲁大学的核物理学家，每天晚上从吉布斯实验室的办公室回家，或者从教室上完课回家，然后看着报纸，喝着马提尼。他平息了三个儿子的喧嚣，和我的母亲吃饭时喝上一杯，然后赶回实验室或书房，将最后几个小时投入到当时他所关注的气泡实验中。（你要知道，这个人会把自己家里的狗命名为原子粒子——介子，他给自己第一个孙子的礼物是来自于伊利诺伊州费米实验室粒子加速器设施的一件 T 恤。）

我记得有一天晚上他回家我问他，为什么每次他打算回去工作的话，晚饭就要喝点酒。

他叹了口气，放下手中的报纸，透过眼镜看着我，慢慢地说道："这是一个漫长的人生。"

如今，我懂得了父亲的意思。这确实是一个漫长的人生。

管理的有效性的事业，一般必须要经过几十年或者几代人的监测。

相比之下，金融服务公司和员工现在所受的监测是相对较短的。他们

## 管理职责

被绑定在周期为月、季度或年财务绩效和报告上。

"更基本的问题是现代金融的组件——证券、交易和投资策略、融资技术、技术、费用结构和他们的运作方式,都旨在将短期结果最大化。"史蒂芬·波尔斯丁在《华盛顿邮报》中写道。[41]

这"掠夺了耐心资本的经济,需要产生持续、有力的经济增长",波尔斯丁写道。

阿斯本研究所2009年题为《克服短期行为》的报告证实了这一动态,并发现它是一个系统性的问题。企业和金融界这一特殊结构是靠短期收益富足起来的人的一张巨大的关系网,是"企业经理、董事会、投资顾问、资本提供者和政府之间相互贡献和依赖"。[42]

这份报告总结说,"正确地激励不同种类的机构有助于创造长期财富"。然而,基金经理的"主要侧重于短期交易收益",短期机构投资者的侧重于"季度收益和其他短期指标",将会"损害追求长期增长和可持续收益的股东的利益。"[43]

一个与短期行为平行的方式会感染个人投资者。GMO资产配置团队的一员詹姆斯·蒙蒂尔,回顾巴菲特的比喻"等待好打的慢球",这样描述道:

"姑且可以这么说,大部分的投资者似乎等不及,迫使自己利用每一个可能的机会采取行动,在每一个球间摇摆。诱人的是,它可能是'实干家',仅仅在极端行为中才更有意义。但是在长时间内要求'什么也不干'的纪律要求下,通常是看不到的。"[44]

耐心资本,创造长期价值的关键,需要和奖励管理所要求的长期导向。正如我父亲所说,这是一个漫长的人生。

# 第九章　社区，关心与承诺

## 与我们的管理责任重新连接

> 贪婪并不是对一个令人满意的当前金融危机的解释。贪婪是必要的，但又是不够的……可以确定，问题不是来自于少数人的贪婪，而是来自于多数人利益的不一致。
>
> ——迈克尔·刘易斯和大卫·艾因霍恩

金融危机给我们预览了，当我们与我们的管理责任失去联系时，将会发生什么。我们已经看到了本应该命名为《迷路》的电影的结局——至少，在2008年和2009年G20发达国家的金融领域它已经结束了。

但是，相同的事情恰恰今天在其他领域也发生了。如果我们不抓紧找到一个方法在所有人类事业中重新联系和建立一个伦理管理，其后果将是毁灭性的，不仅在金融上，而且在美国甚至全球的社会结构和人们的生活质量上。

在很多领域，我们牺牲长远管理谋求短期满足。我们看到领导人回避修复关键但是看上去很棘手的问题的责任。我们看到诚信、谦虚和目的性的缺乏——换句话讲，是所有责任管理特点的缺乏。"金融危机，类似可持续性危机，它被设置在一个短期思维的运动中，与破坏我们星球生态平衡的短期思维并非毫不相关。"帕克斯世界管理的总裁兼首席执行官约瑟夫·基夫说道。[1]

## 财政管理

最近的例子涉及美国和欧洲国家如爱尔兰、希腊、西班牙、葡萄牙甚至意大利和法国的主权信用。不可持续的福利项目——政府几十年来向选民们所做出的承诺——威胁着因金融危机而减缓的经济将进入痛苦的债务旋涡。

难以置信的是，世界注视着2011年夏天《华尔街日报》所称的"财政沉沦之路":[2]美国国会的景象支撑着美国政府所抵押的信誉。问题是在以下情况下，该如何恢复公共财政状况到某种形式的平衡：（1）据美国国会预算，福利支出项目（特别是社会保障，医疗和医疗补助）未来支出的现值在2009年是46万亿美元，几乎是美国国债余额的四倍；[3]（2）这三个方案——目前占联邦支出的40%，加上国家债务利息，等于70%的收入，其增长快于经济增长，也快于收入增长[4]（见图9.1）。

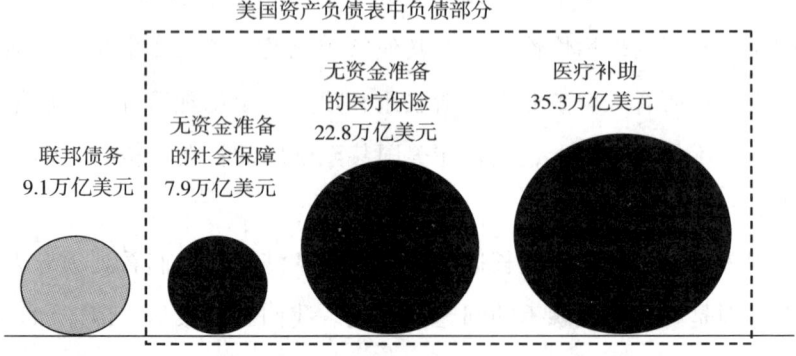

无资金准备的津贴（医疗保险+社会保障）+资金不足的津贴支出（医疗补助）=
美国资产负债表中最大的长期负债之一

资料来源：玛丽·米克尔（Mary Meeker），《美国财务报表的基本总结》，USA Inc., ix。

**图9.1　危险年代：31万亿美元无资金准备的承诺，
其所需资金额比美国负债额大三倍**

## 第九章 社区，关心与承诺

有件事对大多数观察家来说显而易见，但无论是共和党还是民主党对此都不愿承认，即减少赤字和减少我们的债务率，将需要削减津贴、增加收入、增长经济。当然，问题是，削减津贴对民主党人是不可能实现的，增加收入对共和党人是不可能实现的。虽然危急时刻的妥协避免了违约，至少是到下一届财政预算的最后期限为止，但是那些使得参议院预算委员会在2010年的证词中将美国财政的未来归因于"今天财政预算问题的不可持续性"的核心问题，一个也没能得到解决。不改变联邦预算，债务占GDP的比例在21世纪20年代将超过100%，2040年将超过200%，这意味着"美国市场债务在2040年前就会崩溃"。[5]这就是为什么评级机构标准普尔把美国国债的信用从AAA降到AA+，这在美国历史上是第一次。

"首先，标准普尔的判决是基于美国政客的无能"，《经济学人》杂志报道。[6]"美国的治理和政策，变得'更不稳定、效率更低、更加难以预测'"。[7]

这完全是对我们有效财政管理能力的控告。

大约在同一时间，一直持续到2011年秋季，欧洲银行股因股民担心其信誉而进入自由落体状态，因此，他们资产负债表上的固定收益证券的价值也大幅减少。这一次，争议中的固定收益证券不是抵押贷款支持证券，而是更致命的由欧盟的边缘国家所发行的主权债务，即所谓的欧猪五国（PIIGS）：葡萄牙、爱尔兰、意大利、希腊和西班牙。

在2008年和2009年发生的恐慌在2011年秋天再次蔓延。这些包括，担心一个主要欧洲银行的失败会拖累其他金融机构陷入危机。可能发生的方式是，一家欧洲银行可能直接或者通过信用违约掉期的形式持有主权债券，或银行所发行的债务，这些银行将主权债务作为资产负债表上的资产。这是一个更为合理的解释，基于这个事实：2008—2009年金融危机高峰期，欧洲持有的主权债务超过抵押贷款支持证券（见图9.2）。的确，瑞士信贷预测，欧洲银行的降价损失和主权债务违约将最终超过自持有次贷以来的亏损总额。

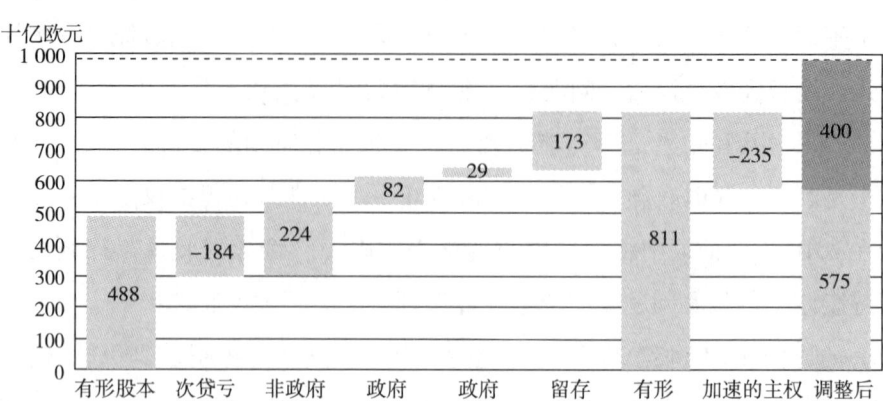

资料来源：《欧洲银行：迷失的十年》，瑞士信贷欧洲证券、股权研究，2011年9月15日。（瑞士信贷数据和评估。）

**图9.2　欧洲银行主权债务损失可能超过次贷损失**

可以这么说，美国财政监管形式上的管理失败导致了未来的危机——查尔斯·狄更斯的未来之灵（源于查尔斯·狄更斯的作品《圣诞欢歌》），相比之下，在欧洲，财政管理构成了目前明显的危机，现在之灵（源于查尔斯·狄更斯的作品《圣诞欢歌》）。

"为自己的生命搏斗"，《经济学人》的头条新闻如此报道，"欧元区在重症监护室。"[8]

"这是一个不争的事实。"德国财政部长沃尔夫冈·朔伊布勒在《金融时报》中说，"政府的过度开支已经使债务和赤字到了不可持续的水平，而这现在威胁到我们的经济福利"。[9]

如表9.1所示，2011年秋债务总额占GDP的比例依次排列为爱尔兰的115%，意大利的120%，葡萄牙的121%，希腊的154%。到2014年，这些比例预计会增加到爱尔兰147%，葡萄牙134%，西班牙99%（希腊债券持有者已经接受了他们的债券违约的必然性并同意部分偿还）。债务占

## 第九章 社区，关心与承诺

GDP 达到 100% 通常被认为是不归点，从这一点起偿债服务义务开始扼杀经济，将其推入债务螺旋，经济不可能再增长。

欧洲主权债务危机的根本原因不是 2008—2009 年房地产的房价泡沫。相反，根本原因在于其财政政策在过去的几十年中在管理上反复的失败，而美国最近也开始表现出同样的迹象。

政策决策者和政治家们就像"过家家"，投资者和评论家杰里米·格兰瑟姆告诉《市场观察》，"没有人做好了作出艰难决定的准备。10 年里欧洲在哪里？两周前（2011 年秋天）没有东西从工作间出来。没有人试图揭发并及时做出艰难决定。"[10]

在《经济学人》一篇题为"害怕"的文章指出，欧洲债务危机的核心是"诚实的失败"。"太多第一世界的政治家没有告诉他们的选民问题的严重性……在一个重大问题频发的年代，政治家们像小人。这才是害怕的真正原因。"[11]

**表 9.1　　　　欧洲国家身陷债务泥潭**

| 相比较的欧洲国家主权债务负担（十亿欧元） | 奥地利 | 法国 | 德国 | 希腊 | 意大利 | 葡萄牙 | 爱尔兰 | 西班牙 | 瑞典 | 英国 |
|---|---|---|---|---|---|---|---|---|---|---|
| **已发行的总政府债务** | 191 | 1 282 | 1 240 | 339 | 1 591 | 140 | 90 | 635 | 110 | 1 218 |
| 10 年期以上债务占总债务的百分比 | 25 | 19 | 13 | 19 | 24 | 12 | 9 | 17 | 12 | 47 |
| 2 年至 10 年期债务占总债务百分比 | 63 | 49 | 46 | 45 | 45 | 62 | 73 | 48 | 60 | 36 |
| 2 年期以下债务占总债务的百分比 | 13 | 32 | 41 | 20 | 31 | 26 | 18 | 35 | 28 | 17 |
| **2011 年预算赤字/GDP（%）** | −3.5 | −5.8 | −2.1 | −8.7 | −4.3 | −6.5 | −11.5 | −6.7 | 0.1 | −8.6 |
| 来源： | RBC | IMF | RBC | RBC | IMF | RBC | RBC | RBC | IMF | IMF |
| **2011 年政府赤字总额/GDP(%)** | 73 | 85 | 83 | 154 | 120 | 121 | 115 | 64 | 37 | 83 |
| 2011 年经常账户余额 | 3.1 | −2.8 | 5.1 | −8.2 | −3.4 | −8.7 | 0.2 | −4.8 | 6.1 | −2.4 |
| 国家 5 年期 CDS（bp） | 66 | 80 | 40 | 1 926 | 175 | 791 | 771 | 289 | 24 | 64 |
| 国家 10 年期 CDS（bp） | 73 | 97 | 60 | 1 609 | 180 | 697 | 682 | 287 | 37 | 81 |

资料来源：RBC 资本市场评估，IMF，ECB. 欧洲银行：欧元外围主权危机和对欧洲银行业的影响，2011 年 6 月 20 日。

管理职责

## 环境管理

当时,前副总统阿尔·戈尔(Al Gore)和他的纪录片《难以忽视的真相》大肆宣传了环境可持续性危机。问题是由于碳排放产生的温室气体所造成的气候改变,如果不加以控制,很可能会达到警戒线。它所带来的危害包括两极冰川融化,海平面上升,植被破坏和更不稳定的气候模式并伴随着极端的自然灾害,例如:更频繁干旱,更严重的洪涝灾害,甚至物种的灭绝。

正如《经济学人》杂志所指出的:"人类已经成为一种重塑地球地质的自然力量,但这种速度比地质构造自然演化的过程快得多。"该杂志还继续探讨了人类在加速这种自然改变的进程中所起的作用,这种作用非常广,以至于地理学家和其他的科学家开始称呼这一时期为"人类世"。[12]

我们同样面对着另一个随之而来的可持续发展危机,即持续增长的人口和与之对应的人们所依赖的稀缺的资源。依照目前的增长速度,到2050年,地球上的人口会达到70亿人到90亿人,甚至100亿人。从而,对一切资源的需要也随之增加,我们将会感受到石油、金属、钾和磷(肥料)的供应不足。干净的水资源,由于缺少替代品,将会变得更加稀缺。表层土的被腐蚀速度快于其再生速度,从而威胁农业生产。目前,每英亩粮食产量已经从1960年的3.5%降到了今天的1.2%。[13]空气质量也会相应下降,尽管地球上的人口呈指数增长,但这个星球的容量正在减小。

杰瑞米·格雷厄姆(Jeremy Grantham)说:"如何解决这种极度增长的需求已经成为我们这个物种所面对的最大挑战。"[14]

《纽约时报》的评论员托马斯·弗里德曼(Thomas Friedman)指出这些需求的增长正是体现婴儿潮一代带来的部分问题的证据。用媒体人汤姆·布洛考(Tom Brokaw)的话说,婴儿潮一代从"伟大的一代"那里继承了遗产，然后浪费糟蹋了它。"我们正成为 Spy 杂志的创始人科特·安德森（Kurt Anderson）所称呼的'蚱蜢一代'，像饥饿的蝗虫一样从各个方面贪婪地吞噬着馈赠予我们的繁荣。"[15]弗里德曼写道。未来的一代将只会剩下环境退化、繁重的债务、福利负担和让整个世界半个世纪都将资源匮乏的人口数量。而这一切的罪魁祸首是，面对一列迎面而来的拉着警笛的火车，我们却无动于衷。[16]

但是，这并不算太晚，这些都是可以解决的问题。负责任的管理可以并将会解决所有的这些问题。

## 急需：责任管理

"我们人类有头脑和手段实现世界的可持续发展。"格兰瑟姆写道，"可持续性问题与我们自身以及我们对短期增长和短期、利益的追求相关，而且很可能会造成大规模的危机。但是，只要有远见和详细的规划，这些都是可以完全避免的。"[17]

"这个问题与我们能怎么做无关，而是与我们会怎么做有关。"[18]

多少有些讽刺的是，证明了我们的确有能力进行负责的管理的最终是 2008—2009 年的金融危机和随后为使得金融体系更加安全、稳健和可靠而做出的全球性措施——在《多德—弗兰克华尔街改革和消费者保护法案》中提出的 235 项规章要求，以及金融稳定委员会和巴塞尔委员会对资本、杠杆和流动性规则的新规定。

我的这本书从描写金融机构的领导人开始，介绍了金融危机的产生至少是加剧是因为他们没有承担起监管的责任。《金融危机调查报告》中提到："金融首脑和大众对于金融系统的监管忽视了危险信号，而且没能及时质疑、理解和控制危机在系统内的进一步发展，然而这一系统对美国民众的幸福十分重要。"[19]

很大程度上来说今后的道路需要一个从金融业主导向 21 世纪的仆人式领导的转变的重新承诺,这对资本市场的稳定,对重建民众对金融系统的信任,以及对减小对未来的金融危机的严重程度,对经济增长都十分重要。

没有立法支持,没有规则制定,将最终导致主导权的丧失。

法国革命者和诗人路易·德圣茹斯特(Louis de Saint-Just)曾写道:"太多法律,太少案例。"*

比尔·乔治(Bill George)在《诚信领导》中问道:"领袖们都去哪里了?"[20]

他继续说:"我们需要新的领袖。我们需要真正的领袖,具有最高道德,立志建立持久组织的人。我们需要的领袖要有深层次的明确目标和坚定的价值观。我们的领袖需要有勇气建设他们的公司以满足所有股东的需求,并且意识到回报社会的重要性。"[21]

但是,这并不仅是领袖的责任。今后的道路是关于"可持续发展的财务"和"可持续发展的星球",不仅仅与领袖们相关,更与我们每个人相关,与我们大家的管理责任相关。

## 独自在黑屋

我曾请教我的挚友,也是网球伙伴的布莱恩·沃尔什(Brian Walsh),该怎样做才能避免未来出现的类似的危机。我第一次碰到布莱恩是在魁北

---

* 在收到我的书的手稿后,RBC 全球财富管理主管乔治·刘易斯到伦敦出差看到了刻在戴维斯街 21 号的建筑物墙上的这个铭文,并把它寄给我作为一个概要,他认为这是这本书的核心前提。

## 第九章　社区，关心与承诺

克城北 90 英里的圣劳伦斯河北岸的拉马尔拜高尔夫俱乐部，那时我才 13 岁。

该俱乐部是我的曾祖父威廉·霍华德·塔夫特总统（President William Howard Taft）的夏季高尔夫球场。

布莱恩成为了信孚银行的加拿大分公司总裁，后来在建立奈的资本（一个设立在纽约的对冲基金咨询和基金公司的基金）之前负责经营信孚银行的全球衍生品业务。沃尔什也是全加拿大最富有家庭的资深智囊之一。

他告诉我："唯一的答案带点宗教色彩，有价值的会出名。"

"这是一个社会问题。拿抵押融资业的过剩问题来说，这并非仅仅是证券化（银行和经纪人）所导致的问题，这与抵押经纪人有关，与服务行业有关，与房利美和房地美有关，与评级机构有关，与借款人本身有关，这与每个人都有关。

"说实话，我们真正需要的是某种精神上的振作。为此，我们必须改变人们的价值观。我们有好几代人都生活在没有上帝的世界里。好吧，如果没有上帝，那就没有什么是绝对的。如果没有什么是绝对的，那就没有什么对与错。如果没有什么对与错，那么一切都将保持下去。"

"直到这一切都改变……否则我们无法改变导致上次金融危机的根本原因，我们也无法避免未来出现金融危机。"

迈克尔·刘易斯（Michael Lewis）和大卫·艾因霍恩（David Einhorn）在《纽约时报》中写道："在我看来，我们不仅仅要修补'少数人的贪婪'，更需要解决'多数人的扭曲的利益观'"。[22]

刘易斯最近正在探寻的内容其中一项就是，造成我们所面临的一系列危机的原因不仅仅是由于领导机制的失败。他最新出版的图书《自食其果》，在描述美国市政债务危机的章节中，描述了加州瓦列霍市破产后对财富的掠夺，"社会上有点能耐的人，都只顾自保，让社会流干了最后一滴血"。[23]

但是,后来刘易斯继续说:"该问题……并不只是公共部门问题,也不是只跟政府有关的问题,而是一个跟整个社会有关的问题……这是一个人们不顾更大社会后果,拿走他们能拿的一切,仅仅因为他们可以拿的问题。"[24]

"在暗室里面有一堆钱,从社会顶层到底层的美国人都清楚地知道自己想做什么。他们一定会尽可能多地为自己拿钱,不顾长期的后果。"[25]

在我职业生涯的早期,我在明尼苏达州的圣保罗市做过两年市长助理,市长叫乔治·拉蒂默(George Latimer),一个长着胡子、口齿不清的黎巴嫩劳工律师。我可能是唯一的一个曾在市政府工作过,之后在主要证券公司工作的CEO。市长曾开玩笑说他雇用我是因为他觉在几千个为政府工作的员工中至少应该有一个共和党人。

我工作的内容其中一部分是给市长写演讲稿,结果这后来成为对社区本质的思索。我写到社区,某种程度上存在是基于人们在感觉、认识和行为上的共同认知,他们觉得自己对社区中的其他成员负有责任。

亨利·卢云(Henri Nouwen)在《心灵面包》中写道:"社区之所以能够形成是因为我们意识到我们活着不是为了我们自身,而是为了其他人。"[26]起到实际作用的社区与那些徒有虚名的社区的区别在于其成员感受到责任并且履行责任的程度。换句话说,重要的是存在于社区之中管理道德的水平。

## 对社区的承诺

我相信社区,例如明尼苏达州,不仅仅对其中一些成员负有责任感,而且对所有成员都有责任感。

当这本书被出版发行的时候,我正深入地参与到否决一个就明尼苏达

## 第九章 社区，关心与承诺

州宪法所提出的修正案的表决中，投票表决将在2012年11月进行。这个修正案会影响到该州宪法对婚姻的基本定义：婚姻是一个男人和一个女人的结合。我参与其中是因为我的大女儿和我的继女是女同性恋。我参与其中是因为我是RBC的GLBT（男同性恋、女同性恋、双性恋和变性人）员工公会的执行赞助人。我参与其中是因为我相信成功的经营依赖于吸引和挽留世界上最优秀的天才，并拥有多样化的员工，这会帮助我们理解和回应越来越多样化的客户需求。我参与其中是因为我坚信我的祖父（Robert Alphonso Taft）提出的核心准则，法律面前人人平等。但是，最重要的原因是我相信坚持包容性是解决许多可持续发展问题的答案。

今后发展道路上的挑战是：我们需要把历史观念中的小的、地方中由相对单一的邻居所组成的社区发展成大的、更加多元化的社区，发展成全国乃至全球范围的社区。

"早期，人类发展的原因是扩展对'组织'的定义。"道格·莱尼科（Doug Lennick）和弗莱德·基尔（Fred Kiel）在《道德智慧2.0》中写道，"在历史中的这段时期，我们的生存可能依赖于将'组织'的定义扩展到包括全球范围内的所有人类"。[27]

从1960年代后期到1970年代初期，我在康涅狄格州沃特敦的塔夫脱中学学习过4年。在此期间，几乎每天我都会从祖父的黑白照片前走过。这张照片拍摄于1953年，当时我的祖父正拄着拐杖从圆形大厅走过，他正将权力移交给参议院多数党领袖。我的祖父当时正经受着癌症的折磨，是那年和艾森豪威尔总统打过高尔夫球不久后被确诊的。祖父在这张照片拍摄之后不久就去世了。

塔夫脱中学是在1890年由霍勒斯·塔夫脱［威廉·霍华德·塔夫脱总统（1909—1913年）的兄弟］建立的为大学准备的预备学校。我的祖父于1906年从塔夫脱中学毕业。他的照片挂在该学校的主走廊墙上的一系列照片之中，是学校嘉奖的接受者之一。成为嘉奖获得者的条件是：那些

"从事非职业性质的人道主义职业"或者"超越普通职业或生活需求的",并且满足学校所倡导的口号,大意是"奉献大众,无论是否被大众服务"的校友。

资料来源:Marvin Koner。

图9.3 罗伯特·A. 塔夫脱在美国国会大厦

塔夫脱中学的校训很好地诠释了管理工作的核心精神。学校的嘉奖也承认了管理科学中的"致力于为他人服务"。

当我还是学生的时候,那些话并未引起我的共鸣。直到在金融服务业

## 第九章 社区，关心与承诺

中工作了30年之后，我才明白其中的深意。但是即便如此，罗伯特·塔夫脱凝视远方，似乎在与他倾注一生心血的公共事业道别的照片仍会使我想起 C. S. 里维斯（C. S. Lewis）曾这样描述上帝——"一个整日为其子孙后代的幸福工作的人……洗涤心灵，信守对天堂的承诺，在需要他的任何时候都充满耐心和感激"。[28]

我们身处一个危机不断的动荡时代，可持续性危机体现在许多方面，包括：

- 金融系统的安全性和稳定性以及其促进经济增长的能力；
- 在人口老龄化和社会福利成本不断提高的情况下，主权国家，尤其是G-20国家的财政稳定性问题；
- 环境退化和资源的长期充足性问题。

在宫本武藏的公式中（见第三章），迫在眉睫的是需要看到今天的行为对子孙后代的影响以及如何预防潜在危机逐渐发展成严重事故。

在所有情况下，前方路上的行人既走在通往永恒的道路上，也走在通往毁灭的道路上。对道路的看法取决于我们对管理责任的态度的执行。

将我们的生命致力于奉献他人。

将我们的使命定位成构建一个更加美好的世界。

# 附　录

# 附录 A　金融监管的利弊权衡[*]

在编写关于核心原则的书籍时，应当牢记不能轻易断言金融体系需要被监管。必要的监管催生出《巴塞尔协议Ⅲ》、《多德—弗兰克法案》以及一系列即将出台的监管改革。在有关金融监管的文献中，以下这篇由 The CityUK 与牛津经济联合出版的论文详尽列出了金融监管的案例、目标与方式。

## 金融部门监管的基本原理

- 金融部门监管有利于改善已识别的市场缺位和失灵。
- 但金融监管也会增加金融机构及更为广义经济体的运行成本，这是构建监管框架时应当考虑的重要因素。

在考虑监管改革范围之前，有必要对金融机构审慎监管的基本原理进行回顾。

## 监管的成本与收益

对金融部门监管力度的大小取决于对不同类型市场缺位与失灵的识

---

[*] 本材料获得 2011 年 5 月 24 日 CityUK 与牛津经济联合出版《欧盟金融改革中的平衡增长与稳定》的摘录许可，完整报告见 www.thecityuk.com/research/our – work/reports – list/balancing – growth – and – stability – in – eu – financial – reform/。

别,即在没有监管的情况下,市场缺位与失灵会产生使消费者福利减少的次优结果。基于此,金融监管有以下三重核心目标:

1. 保护消费者
2. 维持金融机构的安全性与稳定性
3. 保障系统稳健

金融部门与经济中其他部门一样,当一家公司与顾客进行交易而引发顾客的不满时,消费者保护的问题就会随之而来。商业行为规范便旨在建立起与顾客往来中恰当行为与商业管理的规则与指引。

任何公司的破产都会降低消费者福利水平,在这一方面金融机构也不例外。但金融机构可能对个体消费者造成更大的伤害,当一家吸收存款机构倒闭时这种情况表现得尤为明显。由于消费者难以判断金融机构的安全性和稳健性(这是由信息不对称造成的),这便需要通过建立起适度的操作标准来进行审慎监管。

由于金融机构倒闭带来外部性,出于系统性原因也需要对其进行监管。换句话说,金融机构(尤其是银行)倒闭带来的社会与经济成本十分高昂,远远超过金融机构所有者的个人成本,而这些潜在的巨额成本并未反映在单个金融机构的决策中。同时,与经济中的其他部门相比,金融机构之间有着很强的相互依赖性,从银行间市场的紧密程度就可见一斑。单个金融市场或机构的事件可能给整个金融系统带来严重的后果。不仅如此,金融部门在现代经济运行中处于核心地位,金融部门的不稳定可能会对非金融部门造成负面影响。因此,公共政策干预并非仅仅是一个在微观层面上保护存款人和投资者福利的问题,更是一个宏观层面的问题。宏观审慎监管已经以监测与管理这些系统性风险为己任。

在这样的背景下,为了确保金融体系能够稳健与良好地运行,加强监

## 附录 A 金融监管的利弊权衡

管将大受欢迎。但这也存在着风险，正如古德哈特（1998）*所指出的那样，金融监管可能被错误地视为一种不会给社会带来任何成本的免费商品。事实上，金融监管带来一系列成本，主要可以分成以下三类：

1. 付给金融监管者的直接成本。尽管这些费用是通过向金融机构直接征税的方式所取得的，金融机构可能通过对金融产品制定更高价格的形式向顾客收回这部分成本。

2. 监管的间接成本，即监管给参与金融活动的公司和个人带来的增量成本。这些增量成本可能包括公司的职员、时间管理、系统、资本和流动性。监管的间接成本降低了金融部门的效率，稀释了其对更为广泛的经济领域的潜在贡献。

3. 监管可能改变金融的本质、正常表现以及市场间金融产品的竞争形式，由此引发扭曲成本。该成本可能会对金融服务产业产品的本质和可得性造成重大影响，也可能会给经济增长和消费者福利带来负面效用。

尽管绝大部分国家监管主体的直接成本低于其所带来的收益，却几乎无法找到间接成本相关方面的数据，而后者比直接成本要高很多。虽然如此，在构建监管体系时，意识到这些方面的成本的存在是非常重要的。

这一争论体现了一种权衡。一方面，更为严格的审慎监管可以提高金融的稳定性；另一方面，我们应允许金融机构承担适度风险并对其实现良好的管理，以促进经济发展，这即意味着需支持金融部门的创新，保障这些机构的效率。审慎监管的目标是确保金融中介机构能够平稳运行，而非彻底禁止任何可能导致金融系统承担风险的行为。如果金融机构不承担风险，他们的社会利益——包括对市场流动性的供给、风险共担的改善、对

---

\* 古德哈特，C.，哈特曼，P.，卢埃林，D.，罗哈斯—苏亚雷斯，L. & 韦斯博，S.（1998）《金融监管：为何、如何进行以及目前进展》，伦敦，劳特里奇出版社。

金融和经济领域创新的支持等，这些好处在很大程度上将不复存在。因此为了保证监管机制不会损害金融部门对更为广泛的经济发展的贡献，保持两者间的平衡就显得尤为重要。

# 附录 B 《巴塞尔协议Ⅲ》监管协议[*]

尽管《多德—弗兰克投资者保护法案》和《华尔街改革法案》都非常复杂，但两者都远不能与《巴塞尔协议Ⅲ》的复杂程度相提并论。与《巴塞尔协议Ⅲ》相比，《多德—弗兰克法案》所涉及监管者的数量相形见绌。《多德—弗兰克法案》主要关注的是美国金融系统，巴塞尔则把重点放在拥有发达银行体系的国家。读者可以在本书的第五章中看到关于巴塞尔历史沿革与发展路线图的详尽资料。

## 背 景

2008—2009 年的全球经济危机给人们提供了一个重建风险管理方法与监管基石的机会。2010 年 12 月 16 日，巴塞尔银行监管委员会（BCBS）通过了一项新的加强银行资本充足率和流动性的全球监管标准，称为《巴塞尔协议Ⅲ》。协议中的条款为强调近年来金融危机所揭示的大量风险量身打造，旨在提高银行自身资本的质量，增强对手信用风险的风险资产覆盖率，补充与总杠杆比率相关的风险储备，并引入了新的流动性要求。新的条款还提出了建立逆周期资本框架。这项协议的最终修订条款将于 2013 年 1 月 1 日生效。

---

[*] 再版背景与摘要须经奥纬金融服务公司授权。奥纬咨询公司 2011© 保留所有版权。数据和图表均来自欧洲金融市场协会，出版已经其许可。

## 管理职责

巴塞尔银行监管委员会（BCBS）作为银行业监管委员会的主体，为银行监管事务的定期合作提供了交流平台，增强了人们对监管核心问题的理解，并通过创建不同领域银行体系监管框架与标准来提高世界银行业监管的质量，而《巴塞尔协议Ⅲ》则是对以往一系列规则的革新。巴塞尔银行监管委员会（BCBS）于1988年首次出版了一套银行最低资本要求的规则。这些要求被称为《巴塞尔协议Ⅰ》（或1988年的《巴塞尔协议》）。《巴塞尔协议Ⅰ》主要关注信用风险。该协议根据信用风险等级将银行资产分为五类，并赋予各类风险相应的风险权重，分别为0（例如本国的主权债务），10%，20%，50%以及高达100%（绝大多数的企业债务都属于这一种类）。参与国际业务的银行所拥有的资本需达到其风险加权资产（RWAs）的8%。

2004年6月，巴塞尔银行监管委员会（BCBS）通过发布一系列新的银行资本要求，强化了《巴塞尔协议Ⅰ》的监管约束，其中关于国际标准的部分被称为《巴塞尔协议Ⅱ》。《巴塞尔协议Ⅱ》采用了"三大支柱"的基本框架：（1）最低资本要求（强调风险）。（2）监管部门的监督检查。（3）市场约束。支柱一主要涉及信用风险（通过标准法、内部评级法或者高级内部评级法计算），市场风险（利用风险价值法计算）和操作风险（采用基本指标法，标准法或者内部/高级计量法计算）。支柱二要求银行建立涵盖资本规划和管理各个方面在内的完善评估体系，以确保银行拥有充足的资本来补偿暴露在外的风险头寸。支柱三则制定了一系列信息披露要求，使得市场参与者能够衡量各机构的资本充足率，进而完善了最低资本要求与监管过程。

为应对交易账户和资产证券化头寸的资本要求，2009年7月，巴塞尔银行监管委员会（BCBS）制定了新的规则，这些规则通常被称为《巴塞尔协议Ⅱ.5》。新的协议对因违约和转移等造成交易账户损失的情形引入一项新的增量风险资本要求（IRC），并引入一个新的压力风险价值法以描述压力时期对银行交易账户的影响。

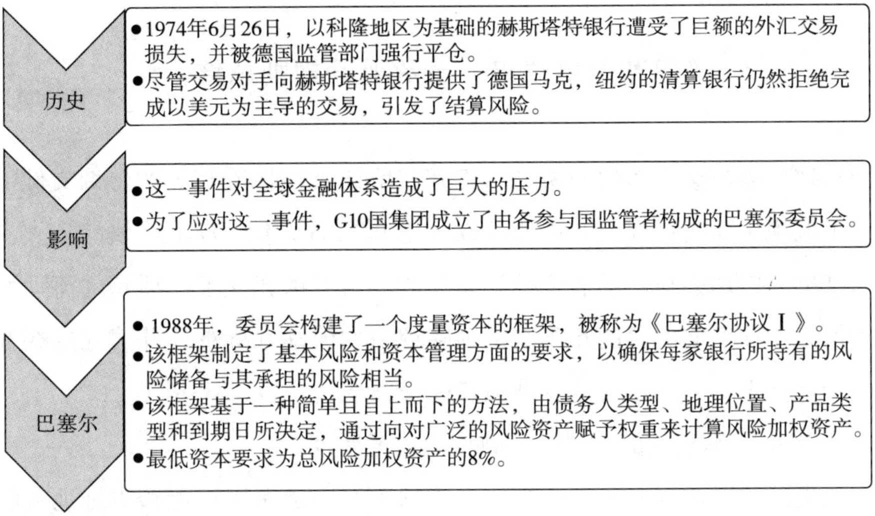

历史
•1974年6月26日，以科隆地区为基础的赫斯塔特银行遭受了巨额的外汇交易损失，并被德国监管部门强行平仓。
•尽管交易对手向赫斯塔特银行提供了德国马克，纽约的清算银行仍然拒绝完成以美元为主导的交易，引发了结算风险。
影响
•这一事件对全球金融体系造成了巨大的压力。
•为了应对这一事件，G10国集团成立了由各参与国监管者构成的巴塞尔委员会。
巴塞尔
•1988年，委员会构建了一个度量资本的框架，被称为《巴塞尔协议Ⅰ》。
•该框架制定了基本风险和资本管理方面的要求，以确保每家银行所持有的风险储备与其承担的风险相当。
•该框架基于一种简单且自上而下的方法，由债务人类型、地理位置、产品类型和到期日所决定，通过向对广泛的风险资产赋予权重来计算风险加权资产。
•最低资本要求为总风险加权资产的8%。

资料来源：欧洲金融市场协会。

**图1 《巴塞尔协议I》简史：赫斯塔特银行的例子**

基本/简单模型高级/复杂模型
强化巴塞尔协议II框架（被称为巴塞尔协议II.5）
巴塞尔协议II（综合版）
巴塞尔协议I
巴塞尔协议II
1974
1988
1996
2003
2006
2008
2009
2010年10月
G10国集团中央银行组建巴塞尔委员会
修订巴塞尔协议I
多次对巴塞尔协议II进行修订
巴塞尔协议Ⅲ（2011年6月进行修订）

注：•《巴塞尔协议I》包含了一种仅度量信用风险的简单风险加权资产的方法，随后的修正中加入了市场风险。

•《巴塞尔协议II》提高了资本分配对风险的敏感性。该方法允许银行使用内部模型计算信用和操作风险。

•对《巴塞尔协议II》的修正（被称为《巴塞尔协议II.5》）包括对《巴塞尔协议II》市场风险框架以及计算交易账户增量风险所需的资本进行调整。

•《巴塞尔协议Ⅲ》出台于2010年12月，并对《巴塞尔协议II》中的内容进行了重大调整，包括对资本的质量和数量以及监管要求的调整，并引入了新的流动性与杠杆比率。

资料来源：欧洲金融市场协会。

**图2 巴塞尔银行监管委员会（BCBS）历史：1974—2011**

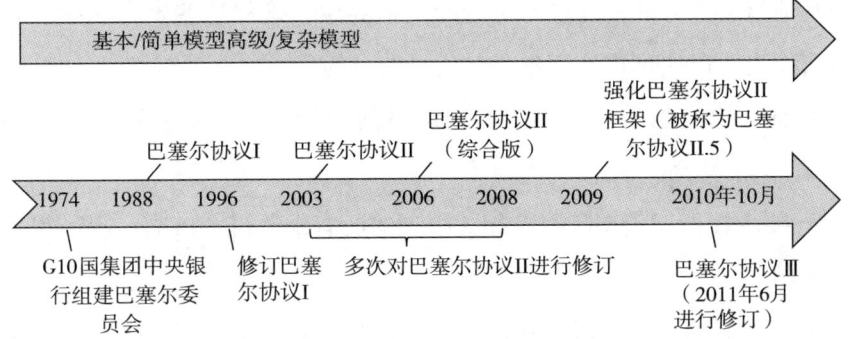

## 《巴塞尔协议Ⅲ》最终监管规则总结

巴塞尔委员会发布的两份与《巴塞尔协议Ⅲ》标准相关的咨询文件中包含了五项主要的提议。其中四项以《巴塞尔协议Ⅱ》资本协议的三大支柱为基础,以加强目前的监管框架为目的。第五项建立了一项新的流动性监管框架。该框架的目的在于制定国际统一的流动性标准,并建立这些标准的最低要求。下文是对这五项提议进行总结。

1. 提高资本基础的质量、一致性以及透明度

该提议试图加强对可接受资本形式的监管,确保银行能够更好地吸收"持续经营"和"停止经营"造成的损失。

- 强制规定一级资本的主要形式为普通股和留存收益,同时对一级资本的其他组成部分的范围进行更为严格地界定,确保这些资本能够吸收持续经营损失,以达到提高资本基础质量的目的。

- 统一巴塞尔委员会国家监管调整的步调,进而提高资本基础的一致性。

- 要求银行对资本项目及相关事项的所有细节进行披露,提高银行经营的透明度。

- 对与监管资本相关的所有因素(即普通股权益,一级资本和总资本)进行限制(即在影响评估之后进行校正)。

2. 加强风险防范

该提案旨在加强对由衍生工具、回购协议以及融资融券引发信用风险的资本要求,并在资本要求方面增强了银行将场外衍生品头寸转移给共同交易对手和交易所的动机。

- 提高对由衍生工具、回购协议以及融资融券引发交易对手信用风险的资本要求及风险管理要求,增强风险防范。

■ 基于"最坏情况"的变量计算这种情形发生时对资本要求的特殊影响。

■ 明确包括了错向风险（交易对手信用质量下降时风险暴露增加的情形）以及信用价值调整（CVA）风险（与交易对手信用状况恶化相关的潜在盯市损失）。

■ 增强使用中央清算所（某些情况下风险资产权重为零）的资本动机。

- 提高对金融机构借款的资本要求。

3. 在风险资本要求中补充杠杆比率

该提案通过对套利风险实施额外保障措施，起到控制杠杆率、降低模型风险和计量风险的作用。然而，计算和校准杠杆率的细节仍有待确定。

- 通过引入一个国际统一的最低杠杆比率来约束银行部门总杠杆率的增加。

- 将部分表外项目纳入资产方的杠杆内，可能对其使用100%的信用转换系数。

4. 降低周期性波动，提高逆周期资本缓冲

该提案构建了一个逆周期的框架，鼓励建设缓冲资本，但解决顺周期问题的规则制定仍处于萌芽时期。

- 利用"违约的下行概率"计算资本要求，降低支柱一下周期性最低资本要求的顺周期性。

- 强化拨备措施（包括支持国际会计准则理事会启动预期损失法）。

- 引入简单的资本留存缓冲规则，确保银行在非压力时期增加资本缓冲，在发生损失时可进行提取。

- 确保制定银行资本要求时考虑到银行经营的宏观经济环境。

5. 建立全球流动性标准

为了提高短期流动性覆盖率与长期资产负债表融资能力，该提案引入

了 30 天流动性比率与一年结构性流动性比率。此外，该提案还列出了一系列通用的检测指标，帮助监管当局识别和分析银行和系统层面的流动性风险趋势。

- 引入两项流动性资金最低标准。

■ 30 天内流动性覆盖比率为高质量流动性资产与净现金流出总额之比，该指标旨在提高短期内出现流动性短缺时的恢复能力。

■ 一年内结构性比率为可用稳定资金与所需稳定资金之比，这一指标揭示了流动性错配，同时鼓励银行通过稳定资金来源为其经营活动融资。

6. 构建了一套标准的流动性检测指标框架，提高跨境监管的一致性

近期金融危机所反映的问题及解决方法：宏观审慎与市场基础架构层面。

| | 存在问题 | 解决方法 |
| --- | --- | --- |
| 宏观审慎层面 | 金融市场的周期性影响通过多种渠道扩散<br>国际银行间联系紧密，大而不倒引发的道德风险<br>宏观层面监管无效<br>资产价格泡沫 | ● 建立提高资本数量与质量的标准<br>● 缓冲资本（资本留存缓冲与逆周期资本缓冲）<br>● 识别全球系统重要性银行（G-SIBs）<br>● 采取国际清算银行（BIS）提出的新评估方法，包括 G-SIB 缓冲<br>● 修订核心原则<br>● 通过国际货币基金组织（IMF）与世界银行加强国家层面的监管<br>● 引入流动性比率与杠杆比率<br>● 建立新的宏观审慎监管，增加可对资产泡沫过高的情形进行预警的政策工具 |
| 市场基础架构层面 | 市场基础建设不足，例如场外衍生品市场中所存在的问题<br>缺乏具有一致性的数据以及进行合理风险监管和监测的手段 | ● 2010 年 9 月，欧盟委员会制定了欧洲市场基础设施监管规则（EMIR）<br>● 建立法律实体标识（LEI）标准<br>● 确立 LEI 的核心原则 |

资料来源：欧洲金融市场协会。

近期金融危机所反映的问题及解决方法：微观审慎层面。

## 附录B 《巴塞尔协议Ⅲ》监管协议

| 存在问题 | 解决方法 |
| --- | --- |
| 金融危机期间,银行缺乏足以吸收损失的高质量资本 | • 对资本范畴进行了更为严格的定义<br>• 提高资本充足率要求<br>• 显著提升了风险资本覆盖率 |
| 流动性问题——住房抵押产品扩张期间,银行负债与资产久期不匹配 | • 引入流动性覆盖比率<br>• 巴塞尔协议Ⅲ中还引入了净稳定资金比率<br>• 需要对诸如表内表外合同期限错配等核心检测指标进行披露 |
| 银行资产负债表内杠杆率过高 | • 基于一级资本引入杠杆比率 |
| 信用评级机构的评级结果存在误差,例如未能反映某项产品的真实风险 | • 加强对信用评级机构的监管 |
| 据称,目前的员工补偿安排机制加剧金融机构过度承担风险的行为 | • 金融稳定委员会(FSB)原则要求稳健的补偿机制<br>• 支柱3中要求对酬劳机制进行披露 |
| 银行治理脆弱无效 | • 国际清算银行发布了《加强银行治理的原则》 |

资料来源:欧洲金融市场协会。

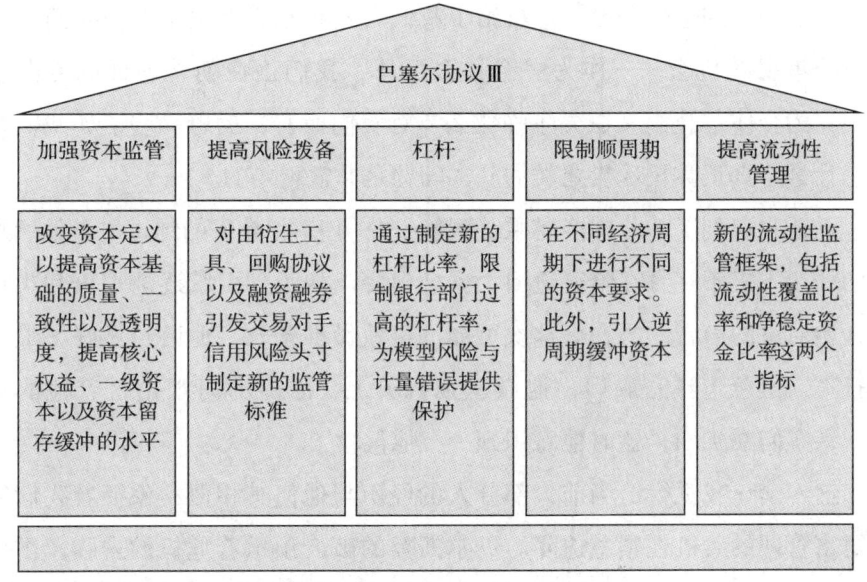

资料来源:欧洲金融市场协会。

**图3 巴塞尔协议Ⅲ的基础架构**

# 附录 C　开辟一条明确的前进道路

2008 年秋季，我开始着手写作这篇文章，写作的初衷是在 2008—2009 年金融危机全面爆发之际稳定 RBC 员工的情绪。此后我收到了来自世界各地同事的邮件，这篇文章便随之在 RBC 的顾客与其他人中间更为广泛地流传开来。在杰里·马奎尔的电影中，它成为了危机备忘录的代名词。我将该文献给那些有着坚实基础的客户与员工，并将其命名为《开辟一条明确的前进道路》。

从很多方面来说，我们都曾被赠予了一份千载难逢的礼物。

过去一年的金融和经济危机给予我们（某种意义上也是迫使我们）一个自我审视的机会——作为一个社会群体，我们正在朝着怎样的方向发展？作为个体，我们又在关注些什么？对我们而言，反思一些诸如我们是谁、什么才真正弥足珍贵之类的基本问题是非常重要的。

最近我遇到了一位曾经搭乘美国航空公司 1549 航班的绅士——他所乘坐的那架飞机于一月在哈德逊河上紧急迫降。他听到引擎逐渐熄火和飞行员开始对讲的声音。当在为这次可能的事故做准备时，他已经做好了最坏的打算。紧急迫降完成后，他撤退到机翼上，冰冷的河水拍打着他的双脚，乘客们在尖叫，这时他意识到……他得救了。

这不禁让我觉得，当前大部分人的经历与他何其相似：象征着我们集体财富管理的飞机在紧急迫降。贝尔斯登的破产预示着危机的来临，雷曼兄弟宣布破产和主权储备基金跌破面值则意味着，事实上，某些地方出现了非常严重的问题。

## 附录 C  开辟一条明确的前进道路

在 2008 年 9 月 15 日以及接下来的 10 月和 11 月——我们可以感受到这架飞机仿佛在进行自由落体运动,并且随时有可能坠毁。随后,在 12 月和本年年初,人们希望这次金融危机仅仅是一场使资产造成 40% 下跌的紧急迫降,而非一场彻底的灾难。

如今,我们仿佛都站在飞机的机翼上。我们在颤抖,在眩晕,在困惑。我们被难以置信的混乱所包围。我们仍然有许多忧虑——是会爆发火灾还是飞机会下沉。我们的计划和安排被完全打乱,尽管不久前才明确了前进方向,但此刻我们却不知该何去何从。

但是,非常确信的是,我们将会幸存下来。

在经历了已经发生和仍在发生的这一切之后,我们无意间意识到自己对风险的容忍程度;真正的容忍程度……如今,我们对生活有了一种全新的体验——明白了投资组合的损失对我们人生的影响和改变。

我们瞥见了现代金融体系和全球经济的脆弱性。事实证明,由于现代金融体系和全球经济具有令人吃惊的复杂性和关联性,在受到意料之外的冲击时,它们会比我们想象中的更加脆弱。

我们所看到的事实是,现实世界比我们所愿意承认的更加无序……极端事件真的可能并且确实发生了。在此次危机之后,媒体、政客和监管者意料之中地玩起"本应该做"、"本来可以"、"本应该有"之类的事后推卸责任的把戏,而大家心知肚明,这些马后炮没有任何意义。虽然我们也清楚,在危机之前住房价格虚高;金融企业的风险被低估,并且过度使用杠杆,对冲基金经理薪酬丰厚……这一切都不重要。"黑天鹅"事件如同信贷泡沫那样通常是不可提前预见或预料到的。

更为重要的是,我们获得了一个重新自我审视的机会——我们拥有怎样的核心价值观?对我们而言,什么才是真正重要的?当我们倾尽所有所追求的财富与物质都化为泡影,我们还剩下些什么?

我们能从中学到什么?又应该怎样利用所学的继续向前迈进?在此,

我想分享一下自己的经验。就我个人而言，我发现自己感性上对损失的容忍程度要低于理性上的，并且意识到需要将自己的资产配置按照组合模型划分为一两个不同的等级。而尤其在这样的特殊时期，保持心态的平和，远比未来得到的丰厚收益更有价值。

我意识到自己在为投资组合中的潜在失误而忧心忡忡，并花费大量时间进行战略调整，比如是否应当增持大盘股（或小盘股）还是价值型股票（或成长型）——而并未花时间考虑如"我是否拥有足够应对危机的流动性？"这样财富保值的基本问题。从字面上看，我想说的是，当信贷市场出现持续性的冻结时，接下来的几年里我要靠什么来维持生计呢？

正如巴顿·比格斯（Barton·Biggs）在他写的《财富、战争和智慧》当中所指出的那样，如今的形势和去年一样糟糕，世界将我们从未经历的社会动荡与市场波动呈现在我们眼前——比方说，"二战"——而且这样的情况很有可能会卷土重来。我敢打赌，近几个月来，几乎所有人都曾想过应当怎样为接下来可能的各种情况做准备，用比格斯的话来说，"四个骑马者……再次骑马旅行"。

我还发现，尽管媒体对现代投资组合理论的失误和其"毫无立足之地"喋喋不休，自己仍然对金融市场如何运行有着一定程度的核心信仰与信念——比如说均衡回归，对长期内不同等级资产回报的预测，以及多元化投资的价值等。

我不断向自己重复这些信念，如同某种财富管理版本的主祷文。在这个过程中，我发现只要自己遵从这些核心信念的基本原理，就不但能够做到更加坦然地接受结果，比方说与飞机一道下降，而且与看着危机蔓延开来相比，我能够更好地控制自己，自我感觉也更好了。

最后，我不得不尴尬地承认我可能有些崇拜虚构的神灵——包括积累之神。有人提醒我，积累财富的痛苦之处在于其本身是一种空洞且欲求不满的追寻。生命中最美好的事情不需要花钱，真正的财富在于人际关系。

我觉得度过危机的最好方式是停止专注于你自己的问题，并开始着手帮助他人。

因此我猜测，有的时候，这样的见解是极端事件在黑暗中指引我们前行的一道亮光。2008—2009年的金融危机使我们能够重新将这样的核心价值观连接起来。在过去的一年中，我们已经得到了一些关于我们自身以及什么东西对我们真正重要的基本教训。不仅如此，我们还被赋予了一个基于所学改善自身的绝佳机会。

我选择牢牢把握这个时机，事实上，这是一个千载难逢开辟明确的前进道路的时机。基于对自身的认识，我将做一些不同以往的事情，也仍然会做许多相同的事情。不过最为重要的是，我在根据对自己与周围世界的不断了解来采取行动。

这就是站在美国航空公司1549航班机翼上的那个人所赠予的礼物。

他将这份礼物赠予了所有的人。作为单独的个体，我们此刻的所作所为会决定我们今天所过的生活，明天所做的抉择，以及给我们的子孙后代留下怎样的遗产。

# 后　记

## 查尔斯·D. 埃利斯

对于我们每个人（所有人）来讲，管理比我们通常意识到的更重要。事实是，我们渴望良好的管理，为世界，为我们的国家，为我们的州，为我们的社区、教会、学校、邻居，以及最直接的，为我们的家庭。

试想一下我们的国家公园，我们所有人是多么感激智慧超越了商业的发展。或者，我们是多么珍惜多年来被周到（深思熟虑）的受托人所引导的我们的文化和教育机构以及医院，每一个女孩和男孩童子军都知道野营的规则：离开林地时要比你发现他们时更好。我们都知道，我们的大学，由于多年的良好管理，在我们的孩子最好的学习期间给予他们极好的教育以及通过研究创造出的世界上宝贵的新知识。我们的大学享有强大的财政支持，而这是基于其良好的管理——一个世代相传的极好的礼物。

富裕的家庭理应景仰那些明智的祖先，祖先们通过审慎的投资明智地保存并增加了家庭资产。律师事务所和投资公司这类组织可以帮助我们良好地管理我们的个人和家庭资源。我们期望从他们那里得到很多，他们有义务对我们负责，因为在管理上他们请求我们给予他们……信任。

我们在主日学校、寺庙和清真寺里接受教导，善良并诚信的管家，因其不是主人胜似主人的关怀而受到钦佩。今天我们优秀的律师事务所的合作伙伴，合法拥有自己的公司，更加明白他们事实上是管家。在他们之前

## 后　记

公司在那里，在他们之后，公司将继续，他们要成为好的管理者对他们的前辈们和他们的继任者负责。他们的职责包括保留过去最好的属性，招聘、培训、教育并选择那些将在未来成为伙伴的管家。

信任是管理的核心，所有真正的管家致力于真正值得信赖的工作：严格并独立思考复杂的问题和为门外汉精心选择前进的最佳途径。不被基于自身利益的当下时尚或明枪暗箭所蒙蔽，而是对良好的长期效果负责。

约翰·塔夫脱和我有幸成为耶鲁大学的学子以及耶鲁大学300多年来所管理的幸运受益者。这些受托人的名字我们从来都不知道，他们也不知道我们两个（当然，约翰作为塔夫脱的一员，他肯定知道一些耶鲁的伟人）。然而，其中的管理理念被聚集在一起带到了耶鲁，在朋友、自豪的校友、令人感谢的捐助者、耶鲁大学目前的领导者的崇拜者中流传，我相信这是强大的且令人振奋的。

我和约翰也有从事投资的特权。我们共同关注我们所看到的令人失望的行为。我们有一个深刻的信念：那就是建议投资者的"足够好"不够好（对投资者和投资经理来说都是如此）。当财富和管理走到一起时，我们大家都会受益。我们这些投资专业人士，有责任从三个方面按照我们行业的传统，成为我们客户的好管家：我们的职业、我们的公司以及我们客户的资产。

# 注 释

## Introduction

1. John F. Kennedy, *Profiles in Courage* (New York: Harper and Brothers, 1955, 1956), 193.
2. Ibid., 195.

## Chapter 1  Core Principles: The Ground Beneath Our Feet

1. Michael Ignatieff, "Getting Iraq Wrong," *New York Times Magazine*, August 5, 2007, 29.
2. Ibid., 28.
3. Sheryl Gay Stolberg, "For Romney, a Role of Faith and Authority," *New York Times*, October 15, 2011.
4. John Cassidy, "Anatomy of a Meltdown: Ben Bernanke, the Fed, and the Financial Crisis," *New Yorker*, December 1, 2008.

## Chapter 2  Finance Run Amok: Selfishness Trumps Stewardship

1. Firth Calhoun, "Phil Angelides's Contentious Crew," *Institutional Investor*, February 28, 2011.
2. Steve Forbes, "Transcript: Jeremy Grantham," Forbes.com, January 26, 2009, www.forbes.com/2009/01/23/intelligent-investing-grantham-transcriptJan26.html.

# 注　释

3. Jeremy Grantham, "Night of the Living Fed," quarterly newsletter published by GMO (October 2010).
4. *The Economist*, "Link by Link: The Crash Has Been Blamed on Cheap Money, Asian Savings and Greedy Bankers. For Many People, Deregulation Is the Prime Suspect," October 16, 2008.
5. Peter S. Goodman, "Thieves' Paradise," *New York Times Book Review*, December 26, 2010, 21.
6. Al Watts, *Navigating Integrity* (Minneapolis: Brio Press, 2011), vi.
7. Roger Lowenstein, *The End of Wall Street* (New York: Penguin Press, 2010), 297.
8. Jeremy Grantham, "What a Decade!" quarterly newsletter published by GMO (January 2010), Appendix.
9. Michael Poulos, *The Future of Banking: Six Trends that Will Shape the Industry*, Oliver Wyman, 9. www.oliverwyman.com/pdf_files/OW_EN_FS_2010_PUB_Future_of_Banking_LR.pdf
10. Patrick Jenkins, Brooke Masters, and Tom Braithwaite, "The Hunt for a Common Front," *Financial Times*, September 7, 2011.
11. Stephen Young, *Moral Capitalism: Reconciling Private Interest with the Public Good* (San Francisco: Berrett-Koehler Publishers, 2003), 58–59.
12. Ibid., 59.
13. Ibid., 58.
14. Jody Shenn and Michael J. Moore, "Goldman Grilled in Senate Hearing," *Bloomberg*, April 27, 2010, www.bloomberg.com/news/2010-04-27/goldman-execs-grilled-in-senate-hearing.html.
15. William D. Cohan, *Money and Power: How Goldman Sachs Came to Rule the World* (New York: Doubleday, 2011), 15–16.
16. Ibid., 16.
17. Ibid., 533.
18. *The Economist*, "The Goldman Hearings, Sachs and the Shitty: A Ghastly Day on Capitol Hill for Goldman Sachs' Top Brass," April 29, 2010.
19. Cohan, *Money and Power*, 19–20.
20. Bethany McLean and Joe Nocera, *All the Devils Are Here: The Hidden History of the Financial Crisis* (New York: Penguin/Portfolio, 2010), 362.
21. U.S. Securities and Exchange Commission, "Goldman Sachs to Pay Record $550 Million to Settle SEC Charges Related to Subprime Mortgage CDO," news release, Washington, D.C., July 15, 2010.
22. Goldman Sachs, "Report of the Business Standards Committee," January 2011, 2.

23. U.S. Securities and Exchange Commission, "Summary of Allegations," *Securities and Exchange Commission, Plaintiff, v. Reserve Management Company, Inc., Resrv Partners, Inc., Bruce Bent Sr., and Bruce Bent II, Defendants.* May 5, 2009, 2.

24. Ibid., 3.

25. Ginia Bellafante, "Gunning for Wall Street, With Faulty Aim," *New York Times*, September 23, 2011.

26. Andrew Ross Sorkin, "On Wall Street, a Protest Matures," *New York Times*, October 3, 2011.

27. Ibid.

28. HeardofEconomics, Forum Post: "Occupy Wall Street is Leaderless Resistance Movement with People of Many Colors, Genders, and Political Persuasions," Occupy Wall Street, October 18, 2011, http://occupywallst.org/forum/occupy-wall-street-is-leaderless-resistance-moveme/

29. Brad Plumer, "IMF: Income Inequality Is Bad for Economic Growth," *Wonkblog, Washington Post*, October 6, 2011, www.washingtonpost.com/blogs/ezra-klein/post/imf-income-inequality-is-bad-for-growth/2011/10/06/gIQAjYADQL_blog.html.

30. Bonnie Kavoussi, "Widening Income Inequality Bad for Economic Growth: IMF Report," *Huffington Post*, September 20, 2011, www.huffingtonpost.com/2011/09/20/income-inequality-economic-growth_n_969933.html.

31. Jeremy Grantham, "Quarterly Letter Part 2: Danger—Children at Play," quarterly newsletter published by GMO (August 2011), 5.

32. Ibid.

## Chapter 3 Stewardship Defined: Feeding Your Flock First

1. The Holy Bible: *New International Version* (Colorado Springs, CO: Biblica, 2011).

2. Peter Block, *Stewardship: Choosing Service Over Self-Interest* (San Francisco: Berrett-Koehler Publishers, 1993), xx.

3. *Merriam-Webster Online Dictionary 2011*, s.v. "stewardship," www.merriam-webster.com/dictionary/stewardship.

4. Al Watts, *Navigating Integrity* (Minneapolis, MN: Brio Press, 2011), 128.

5. Block, *Stewardship*, 6.

6. Stephen Young, *Moral Capitalism: Reconciling Private Interest with the Public Good* (San Francisco: Berrett-Koehler, 2003), 3.

7. Ibid., 3, 6.

8. Larry Spears, *Reflections on Leadership: How Robert K. Greenleaf's Theory of Servant Leadership Influenced Today's Top Management Thinkers* (New York: John Wiley & Sons, 1995), 2.

9. Ibid., 3, 7.

10. Ibid., 4.

11. Young, *Moral Capitalism*, 59.

12. Ibid., 58.

13. Spears, *Reflections on Leadership*, 3.

14. Watts, *Navigating Integrity*, 68.

15. Ibid., 20.

16. Block, *Stewardship*, 41.

17. Doug Lennick and Fred Kiel, *Moral Intelligence 2.0: Enhancing Business Performance and Leadership Success in Turbulent Times* (Boston: Pearson Prentice Hall, 2011), xiv.

18. Paul Purcell, interview with author, September 23, 2011.

19. E. Stanley O'Neal, "Remarks" (opening convocation, Howard University, Washington, D.C., September 24, 2004).

20. Purcell interview.

21. Block, *Stewardship*, 18.

22. Young, *Moral Capitalism*, 54.

23. Ibid., 56.

24. Ibid., 56.

25. Watts, *Navigating Integrity*, 134.

26. Spears, *Reflections on Leadership*, 4.

27. Ibid.

28. Watts, *Navigating Integrity*, 134.

29. Arthur C. Parker, *The Constitution of the Five Nations or The Iroquois Book of the Great Law* (Albany, NY: University of the State of New York, 1916), 38–39.

30. John C. Bogle, *Enough: True Measures of Money, Business, and Life* (Hoboken, NJ: John Wiley & Sons, 2009), 117.

31. Young, *Moral Capitalism*, 49.

32. Doug Lennick and Fred Kiel, *Moral Intelligence: Enhancing Business Performance and Leadership Success* (Upper Saddle River, NJ: Wharton School Publishing, 2008), 7, 79.

33. Bill George, *Authentic Leadership: Rediscovering the Secrets to Creating Lasting Value* (San Francisco: Jossey-Bass, 2003), 1.
34. Charles D. Ellis, *The Partnership: The Making of Goldman Sachs* (New York: Penguin Press, 2008), xiv.
35. James B. Stewart, "At UBS, It's the Culture That's Rogue," *New York Times*, September 23, 2011.
36. Ibid.
37. Ibid.
38. Purcell interview.

## Chapter 4  World's Safest Banking System: Canada, the New Switzerland

1. Royal Bank of Canada, "First Quarter 2011 Earnings Release," March 3, 2011, www.rbc.com/investorrelations/pdf/q111release.pdf.
2. Robert Wessel, interview with the author.
3. Chrystia Freeland, "What Toronto Can Teach New York and London," *Financial Times*, January 29, 2010.
4. Terry Campbell, "Our Banks: Safety and Soundness amid Global Uncertainty," Remarks for International Finance Club of Montreal, Canadian Bankers Association, October 27, 2011.
5. Chrystia Freeland, "What Toronto Can Teach New York and London."
6. Jaime Caruana and Anoop Singh, *Canada: Financial System Stability Assessment* (Washington, DC: International Monetary Fund and Capital Markets Department, 2008).
7. FDIC, "Failed Bank List," Updated December 1, 2011. www.fdic.gov/bank/individual/failed/banklist.html.
8. James F. Dingle, *Planning an Evolution: The Story of the Canadian Payments Association, 1980–2000, Bank of Canada and the Canadian Payments Association*, May 2003. This was a joint publication of the Bank of Canada and the Canadian Payments Association. Available at: www.bankofcanada.ca/wp-content/uploads/2010/07/dingle_book.pdf.
9. Thomson One; RBC Capital Markets.
10. Carol Ann Northcott, Graydon Paulin, and Mark White, "Lessons for Banking Reform: A Canadian Perspective," *Central Banking* 19, 4 no. 4 (May 20, 2009): 53n.
11. *Toronto Globe and Mail* Update, "2011 Rankings of Canada's Top 1000 Public Companies by Profit," June 23, 2011.

12. John Kiff, *Canadian Residential Mortgage Markets: Boring but Effective?* (Washington, DC: International Monetary Fund, Working Paper 09/130, Monetary Capital Markets, 2009), 4.
13. Canadian Bankers Association, "Number of Residential Mortgages in Arrears," as of September 2011, www.cba.ca/en/component/content/publication/69-statistics.
14. Kiff, *Canadian Residential Mortgage Markets*, 12.
15. Chrystia Freeland, "What Toronto Can Teach New York and London."
16. Ibid.
17. Erik Heinrich, "Why Canada's Banks Don't Need Help," *Time*, November 10, 2008.
18. Northcott, et al., "Lessons for Banking Reform: A Canadian Perspective," 49.
19. John Murray, "Canada and the Economic Crisis," 80th International Business Cycle Conference of the Kiel Institute, Berlin, Germany, September 2009, 15.
20. National Commission on the Causes of the Financial and Economic Crisis in the United States, *The Financial Crisis Inquiry Report*, p. xix.
21. Ibid., xx.
22. Lev Ratnovski and Rocco Huang, *Why Are Canadian Banks More Resilient?* (Washington, DC: International Monetary Fund, Working Paper 09/152, Western Hemisphere Department, 2009).
23. Robert Wessel, *The Canadian Banks "The End of an Era,"* Presentation to RBC Executive Team, June 2011, 11.
24. Andre Philippe-Hardy, *Canadian Bank Primer* 3rd ed., RBC Dominion Securities, August 2010, 21.
25. Lev Ratnovski and Rocco Huang, *Why Are Canadian Banks More Resilient?* 18.
26. Chrystia Freeland, "What Toronto Can Teach New York and London."
27. Ibid.
28. Chris Crosby (former RBC Chief Strategy Officer), in discussion with author.
29. Jeffrey Hollender and Linda Catling, *How to Make the World a Better Place* (New York: W. W. Norton & Company, 1995), 6.
30. Thelma Beam and Hugh Oddie. *Americans are from Mars, Canadians are from Venus*, presentation for Royal Bank of Canada. Canadian Cultural Research/Odditie Inc. 2001.

## Chapter 5  Making the System Stronger: In Defense of Dodd-Frank and Basel III

1. US SIF, "Social Investment Forum Commends Senate for Joining House of Representatives in Approving Financial Reform Bill," news release, July 15, 2010.

2. Tim Ryan, "Emerging Implications for the Economy, Clients and Your Business" (Opening remarks, SIFMA Regulatory Reform Summit: Dodd-Frank Impact Analysis, New York, July 13, 2011).

3. Timothy Geithner, "A Dodd-Frank Retreat Deserves a Veto," Opinion, *Wall Street Journal*, July 20, 2011.

4. Secretary Henry M. Paulson Jr., "U.S. Treasury Secretary's Blueprint for Regulatory Reform: Secretary Paulson's Plan to Improve Regulation of U.S. Financial Markets" (Remarks, U.S. Department of the Treasury, Washington, D.C., March 31, 2008).

5. Tom Lauricella and Peter A. McKay, "Dow Takes a Harrowing 1,010.14-Point Trip," *Wall Street Journal*, May 7, 2010.

6. Motoko Rich and Graham Bowley, "Markets Expected Credit Ruling, but Risks Remain, Analysts Say," *New York Times*, August 6, 2011.

7. *The Economist* Special Report, "Capital: How Much Is Enough?" *The Economist*, May 14, 2011.

8. Ibid., 11.

9. Markus Böhme, et al., "Day of Reckoning? New Regulation and Its Impact on Capital-Markets Businesses," *McKinsey & Company*, September 2011.

10. Satyajit Das, *Extreme Money* (Upper Saddle River, NJ: FT Press, 2011), 270.

11. "Dodd-Frank Progress Report," Davis Polk & Wardwell LLP, November 2011, 7.

12. SIFMA, "Outlook for the Financial Sector Summary," (Regulatory Reform Summit 2011, New York City, July 13, 2011).

13. Tim Ryan, Statement for the Record before the House Financial Services Committee, June 16, 2011.

14. Tim Ryan, "Seeking Clarity on Regulatory Coordination," *The Hill's Congress Blog*, April 12, 2011, http://thehill.com/blogs/congress-blog/lawmaker-news/155447-seeking-clarity-on-regulatory-coordination.

15. Morgan Stanley and Oliver Wyman, *Wholesale and Investment Banking Outlook*, March 23, 2011, 4.

16. Alan Greenspan, "Regulators Must Risk More, and Intervene Less," *The A-List* (blog), *Financial Times*, July 26, 2011.

17. Morgan Stanley and Oliver Wyman, *Wholesale and Investment Banking Outlook*, March 23, 2011, 1.

18. Philip Suttle, "The Cumulative Impact on the Global Economy of Changes in the Financial Regulatory Framework," *Institute of International Finance*, September 2011, 8.

19. Ibid.

20. Macroeconomic Assessment Group established by the Financial Stability Board and the Basel Committee on Banking Supervision, "Assessment of the Macroeconomic Impact of Higher Loss Absorbency for Global Systemically Important Banks," Bank for International Settlements, October 10, 2011.

21. Ben Protess, "Is Dodd-Frank Overdue or Overkill? 2 Dueling Views," *New York Times*, August 3, 2011.

22. Bill Johnstone, in discussion with author, October 5, 2011.

## Chapter 6  Making the Investor Safer: In Defense of New Fiduciary Rules

1. Barbara Roper, "Fiduciary Duty: What Investors Need to Know," *Huffington Post*, August 30, 2010, www.huffingtonpost.com/barbara-roper/post_768_b_699447.html.

2. Barbara Roper, September 26, 2011 (10:49 a.m.) comment on Mark Schoeff, Jr., "Fiduciary Timetable Pushed Back into 2012," *InvestmentNews*, September 25, 2011. www.investmentnews.com/article/20110925/REG/309259987.

3. Julie Creswell, "Pressing All the Buttons for a Panic Attack," *New York Times*, August 7, 2011.

4. Chas Burkhart, in discussion with the author, October 5, 2011.

## Chapter 7  To Investors Standing on the Wings: Prepare for the Next Crisis

1. Nassim Nicholas Taleb, *The Black Swan: The Impact of the Highly Improbable* (New York: Random House, 2007), xviii, xxviii.

2. Ibid., 136.

3. Ibid., 157.

4. Ibid., 203.

5. Ibid., xxi.

6. Ibid., 225.

7. Barton Biggs, *Wealth, War, and Wisdom* (Hoboken, NJ: John Wiley & Sons, 2008), 323.

8. Ibid., 321.

9. Ibid., 332.

10. See Appendix C.

11. Jeremy Grantham, *Reinvesting When Terrified*, quarterly newsletter published by GMO, March 2009.

12. For more information, see: Andrew F. Krepinevich, 7 *Deadly Scenarios: A Military Futurist Explores War in the 21st Century* (New York: Bantam Dell, 2009).
13. Biggs, *Wealth, War, and Wisdom*, 326.
14. Taleb, *Black Swan*, xix.
15. James Montier, "The Seven Immutable Laws of Investing," GMO, March 11, 2011.
16. Warren Buffett, "Berkshire Hathaway Shareholder Letter 2008," 3.
17. Warren Buffett, "Berkshire Hathaway Shareholder Letter 2010," 22, 24.
18. Berkshire Hathaway, "2008 Annual Report," Berkshire Hathaway, Inc., 29.
19. Michael Poulus, "The Future of Banking: Six Trends that Will Shape the Industry," Oliver Wyman, 2010, 9, Exhibit 2.
20. James Montier, "The Seven Immutable Laws of Investing."
21. Biggs, *Wealth, War and Wisdom*, 332.
22. Ibid., 320.
23. Jeremy Grantham, "Letters to the Investment Committee XVII, Part 2: On the Importance of Asset Class Bubbles for Value Investors and Why They Occur," quarterly newsletter published by GMO (January 2011).
24. Chesley B. Sullenberger III, *Highest Duty: My Search for What Really Matters* (New York: HarperCollins, 2009).
25. Jason Zweig, "Too Flustered to Trade: A Portrait of the Angry Investor," The Intelligent Investor, *Wall Street Journal*, August 20, 2011.
26. Jim Cramer, "Machines Are Driving Out Small Investors," *The New Real Money*, August 12, 2011, http://realmoney.thestreet.com/articles/08/12/2011/machines-are-driving-out-small-investors.
27. Lee Brodie, "High Frequency Traders Manipulating the Nasty Sell-Off?" CNBC.com, August 8, 2011, www.cnbc.com/id/44035012/High_Frequency_Traders_Manipulating_the_Nasty_Sell_Off.
28. John F. Wasik, "Beat High-Frequency Trading Machines by Not Playing Their Game," *Reuters Money* (blog), Reuters, August 29, 2011, http://blogs.reuters.com/reuters-money/2011/08/29/beat-high-frequency-trading-machines-by-not-playing-their-game/.
29. Phil Dow, "Monthly Market Commentary: Predatory Volatility," *RBC Capital Markets*, September 2011.
30. Graham Bowley, "Clamping Down on Rapid Trades in Stock Market," *New York Times*, October 8, 2011.

## Chapter 8 Environmental, Social, and Governance Investing: Could It Be the Answer?

1. Jeffrey Hollender and Linda Catling, *How to Make the World a Better Place: 116 Ways You Can Make a Difference* (New York: W.W. Norton, 1995), xix.
2. Stephen Young, *Moral Capitalism: Reconciling Private Interest with the Public Good* (San Francisco: Berrett-Koehler, 2003), 8, 47.
3. John C. Harrington, *Investing with Your Conscience: How to Achieve High Returns Using Socially Responsible Investing* (New York: John Wiley & Sons, 1992).
4. Social Investment Forum Foundation, "Report on Socially Responsible Investing Trends in the United States 2010," 14.
5. Amy Domini, "Want to Make a Difference? Invest Responsibly," *The Huffington Post*, March 14, 2011, www.huffingtonpost.com/amy-domini/want-to-make-a-difference_b_834756.html.
6. Joseph F. Keefe, "Sustainable Investing and the Next Economy" (speech to the Boston Economic Club, Federal Reserve Bank of Boston, June 15, 2010).
7. Who Cares Win, "Future Proof? Embedding Environmental, Social and Governance Issues in Investment Markets; Outcomes of the Who Cares Wins Initiative 2004–2008," International Finance Corporation, Swiss Federation, and the UN Global Compact, 3–4; and author.
8. Asset Management Working Group of the United Nations Environment Programme Finance Initiative and Mercer, "Demystifying Responsible Investment Performance: A Review of Key Academic and Broker Research on ESG Factors," October 2007, 50.
9. Laura Gitman, Blythe Chorn, and Betsy Fargo, "ESG in the Mainstream: The Role for Companies and Investors in ESG Integration," BSR, September 2009, 12–13.
10. United Nations PRI, "Commitment of Investors to Responsible Investing Continues to Grow," September 7, 2011. www.unpri.org/press/2011%20RoP%20press%20release.pdf.
11. United Nations PRI, "The Principles for Responsible Investment," www.unpri.org/principles/
12. Ibid.
13. Imogen Rose-Smith, "Doing Well, Doing Good," *Institutional Investor*, November 2010, 82.
14. Ibid.
15. Anthony Ling, et al., "Introducing GS SUSTAIN," Goldman Sachs, June 22, 2007, 1.
16. Ibid., 8.

17. Ibid., 1.
18. Thao Hua, "Search for ESG Alpha Continues," *Pensions & Investments*, January 24, 2011.
19. Ibid.
20. Chris McKnett, et al., *Sustainable Investing: Positioning for Long-Term Success* (Boston: State Street Global Advisors, October 2010), 5.
21. Thao Hua, "ESG Gains Wider Acceptance," *Pensions & Investments*, January 24, 2011.
22. Social Investment Forum Foundation, "Report on Socially Responsible Investing Trends in the United States 2010," 8.
23. McKnett, et al., *Sustainable Investing*, 3.
24. Yvon Chouinard, Jib Ellison, and Rick Ridgeway, "The Big Idea: The Sustainable Economy," *Harvard Business Review*, October 2011, 6.
25. Gordon Nixon, "Navigating the Gray Area: The State of Responsible Investing" (speech, RBC Dexia Investor Services Conference, May 24, 2007).
26. *Harvard Business Review*, "Spotlight: The Good Company," November 2011, 66–65.
27. McKnett, et al., *Sustainable Investing*, 4.
28. UN PRI news release, "New Data Signals Growing 'Culture Change' Amongst Significant Portion of Global Investors," July 16, 2009.
29. McKnett, et al., *Sustainable Investing*, 4.
30. Blythe Chorn, et al., "ESG in the Mainstream," *BSR*, 6.
31. Chouinard, Ellison, and Ridgeway, "The Big Idea."
32. Tom Van Dyck, interview with the author, July 25, 2011.
33. Imogen Rose-Smith, "Doing Well, Doing Good," *Institutional Investor*, November 2010, 82.
34. Joseph F. Keefe, "Sustainable Investing and the Next Economy" (speech to the Boston Economic Club, Federal Reserve Bank of Boston, June 15, 2010).
35. Ibid.
36. Sheila Bonini and Steph Görner, "The Business of Sustainability: McKinsey Global Survey Results," *McKinsey Quarterly*, October 2011.
37. Vikram Pandit/Charlie Rose Interview at SIFMA Annual Meeting, November 8, 2011.
38. Chouinard, Ellison, and Ridgeway, "The Big Idea," 5.
39. Who Cares Win, *Future Proof? Embedding Environmental, Social and Governance Issues in Investment Markets; Outcomes of the Who Cares Wins Initiative 2004–2008*,

International Finance Corporation, Swiss Federation, and the UN Global Compact, 3–4.

40. Ibid., 4.
41. Steven Pearlstein, "Wall Street's Mania for Short-Term Results Hurts Economy," *Washington Post*, September 11, 2009.
42. Aspen Institute Business & Society Program, "Overcoming Short-Termism: A Call for a More Responsible Approach to Investment and Business Management," September 9, 2009, 3.
43. Ibid., 2.
44. James Montier, *Was It All Just A Bad Dream? Or, Ten Lessons Not Learnt*, white paper, GMO (February 2010), 6.

## Chapter 9 Communities, Caring, and Commitment: Reconnecting with Our Stewardship Responsibilities

1. Joseph F. Keefe, "Sustainable Investing and the Next Economy" (speech to the Boston Economic Club, Federal Reserve Bank of Boston, June 15, 2010).
2. "The Road to a Downgrade," *Wall Street Journal*, July 28, 2011, http://on.wsj.com/pgyTjl.
3. William H. Gross, "Investment Outlook: Rocking-Horse Winner," PIMCO.com, April 2010, http://europe.pimco.com/EN/Insights/Pages/Rocking-Horse%20Winner%20April%202010%20IO.aspx.
4. Setting and Meeting an Appropriate Target for Fiscal Sustainability: Hearing Before the Senate Budget Committee (statement of Rudolph G. Penner, "Choosing the Nation's Fiscal Future," February 11, 2010).
5. Ibid.
6. *The Economist*, "Substandard & Poor," August 13, 2011.
7. *The Economist*, "Looking for Someone to Blame," August 13, 2011.
8. *The Economist*, "Fighting for its Life: Euro Zone Is in Intensive Care," *The Economist*, September 17, 2011.
9. Wolfgang Schäuble, "Why Austerity Is Only Cure for the Eurozone," *Financial Times*, September 5, 2011.
10. Jonathan Burton, "Grantham: 'No Market for Young Men'" *MarketWatch*, September 21, 2011.
11. *The Economist*, "Be Afraid," October 1, 2011.
12. *The Economist*, "Welcome to the Anthropocene," May 26, 2011.
13. Jeremy Grantham, "Time to Wake Up: Days of Abundant Resources and Falling Prices Are Over Forever," quarterly newsletter published by GMO (April 2011), summary.

14. Ibid., 2.
15. Thomas L. Friedman, "The Fat Lady Has Sung," *New York Times*, February 21, 2010.
16. Grantham, "Time to Wake Up," 8.
17. Jeremy Grantham, "Resource Limitations 2: Separating the Dangerous from the Merely Serious," quarterly newsletter published by GMO (July 2011), 2.
18. Ibid., 3.
19. Financial Crisis Inquiry Commission, "The Financial Crisis Inquiry Report," January 2011, xvii.
20. Bill George, *Authentic Leadership: Rediscovering the Secrets to Creating Lasting Value* (San Francisco: Jossey-Bass, 2003), 2.
21. Ibid., 5.
22. Michael Lewis and David Einhorn, "The End of the Financial World As We Know It," *New York Times*, January 4, 2009.
23. Michael Lewis, *Boomerang: Travels in the New Third World* (New York: W.W. Norton 2011), 202.
24. Ibid.
25. Ibid.
26. Henri J. M. Nouwen, "January 23: Community, A Quality of the Heart," in *Bread for the Journey: A Daybook of Wisdom and Faith* (San Francisco: HarperCollins, 1997).
27. Doug Lennick and Fred Kiel, *Moral Intelligence 2.0: Enhancing Business Performance and Leadership Success in Turbulent Times* (Boston: Pearson Prentice Hall, 2011), 47.
28. C. S. Lewis, *The Screwtape Letters* (New York: Harper and Brothers, 1942), 77.

# 精选的金融及监管改革术语[*]

**资产支持证券（ABS）** 一种由金融债权资产池支持的类似债券的金融工具，在资产池中包括诸如贷款、租赁、信用卡应收款、分期付款合同以及任何其他合同中规定支付的现金流（不包括来自房地产证券的支付款项）。与所有固定收益证券一样，发行者向投资者支付利息。这类产品是证券化（见下文）融资的一个例子，通过发行这类产品，金融机构可以收取发起贷款、租赁以及应收款的费用以及发行证券的费用，并通过出售大部分证券将剩余风险或者其他责任转移给借款人。因此它们在金融危机中占据突出地位。

**资产管理规模** 投资顾问代表其客户持有金融资产的总市值。这一指标常被用于衡量一家金融机构的规模。

**银行杠杆** 一家银行资产负债表中借入资金的规模。

**《巴塞尔协议Ⅲ》** 2010年9月12日，27国就跨国银行监管框架达成的第三版共识。制定协议的巴塞尔银行监督管理委员会在瑞士的巴塞尔进行会面，协议因此而得名。《巴塞尔协议Ⅲ》的目标是打造一个比金融危机之前更为安全、稳健、牢固、可靠的全球金融体系。不得不说，有的时候巴塞尔协议中要求的复杂程度会让所有人头疼。不仅如此，《巴塞尔协议Ⅲ》中涉及的监管主体数量比托尔斯泰小说里的人物还要多。第五章

---

[*] 资料来源：一些定义来自坎贝尔·R.哈维的超文本财经词汇，适用于iPad／iPhone，链接为http：／bit.ly/hfgplus。

和附录 B 中对《巴塞尔协议》的改革进行了更为完整的描述。

**资本比率**　多种衡量银行财务健康状况的方法。

**资本要求**　要求银行与其他金融机构利用一定规模的权益资本来支持自身资产，以保证资产负债表的稳健性。资本要求的目的在于确保运转良好的金融机构即使在极端市场条件下也能保护存款，抵御冲击，避免违约。

**商品期货交易委员会（CFTC）**　一个以监管美国商品期货与期权市场为使命的独立机构。

**普通股权益**　也称普通股股票。这类证券的持有人为公司的所有者。在一个公司的资本结构中，普通股起到安全保障作用。当公司进行清算时，普通股权益持有人在债券持有者、优先股股东和其他债权持有者获得清偿后才能得到支付。

**消费者金融保护局（CFPB）**　依据 2010 年《多德—弗兰克法案》所设立的机构，通过执行联邦消费者保护金融条例来维护消费者权益。

**信用违约互换**　交易双方签订的一项信用衍生合约，其中买方（在合约期间向卖方）进行定期支付，以换取第三方违约时获得支付的承诺。一般作为违约保险，也可用于投机活动。这可能是沃伦·巴菲特将衍生品形容为"大规模杀伤性金融武器"时首先想到的一类工具。

**债务重组**　为了向个人或者公司借款人提供经济援助而重新修订贷款条款的过程，目的在于防止债务人违约。重组形式可能包括延长还款期限，降低还款总额，或者用债务人公司的股权交换部分债务。

**违约**　未能及时支付债务证券的本金或利息，或者违背了债券契约所规定的其他条款。非支付性违约通常涉及违反契约。

**财政部**　向总统提供经济、金融事项建议并促进改善金融机构治理的行政机关。其职能包括：征税，铸币，管理政府账户与公共债务，监管国家银行及储蓄机构，起诉逃税者等。

**存款机构**　通过向公众吸收存款获取所需资金的金融机构，包括商业银行、储蓄贷款协会、储蓄银行以及信用合作社。储蓄被视为一种相对（虽然并非总是如此）稳定且低风险的资金来源。在《巴塞尔协议Ⅲ》的改革中，金融机构吸收存款的能力愈发受到重视。

**放松管制** 削弱监管者的权利，缩减政府监管机构的数量与监管范围。放松管制意味着弱化政府在交易与市场中的作用。

**金融衍生工具** 其价值依赖于标的资产价值的合约，标的资产通常为传统的证券，比如股票、债券、商品，或者市场指数，如股票市场指数、利率指数等。

**分散投资** 提倡"不要将所有鸡蛋放在同一个篮子里"的投资策略，而应当将资金配置于不同类别的资产。从保守型到风险型，从股票到债券，从房地产到黄金，通过这样的资产配置将风险降到最低。随着资本市场全球化与相互依赖性的加深，分散投资似乎逐渐丧失了在极端动荡时期降低波动性的能力。但正如第六章中所说的，这是投资者在上一场金融危机中所获得的经验。

**道琼斯工业指数** 简称"道氏指数"，最负盛名的美国股票指数。计算方式为将在纽交所交易的30只交易活跃的蓝筹股的价格进行加权平均，是衡量美国那些最大的公司股票表现的晴雨表。

**环境、社会与治理（ESG）投资** 环境、社会与治理（ESG）投资是通常被称为社会责任投资（SRI）的最新发展，也称为影响投资或者可持续投资，ESG投资关注企业履行社会责任这一行为对该企业及其股价走势的长期影响。

**交易所交易基金（ETFs）** 与指数共同基金的相同之处在于二者的标的的资产都不是（或者至少曾经不是）主动管理型的。而其与指数基金的差异在于该基金投资的股票在交易所内连续交易（并因此得名）。两种受欢迎的ETF分别是1993年推出的标准普尔存托凭证（SPDR）以及于1999年推出的纳斯达克100指数跟踪股（QQQ）。这些工具在对冲、获得低成

## 管理职责

本广义或者狭义资产类别以及权益市场中特定部门的头寸方面很受欢迎。在举例说明任何金融创新都可能被错误使用时，一些特定类型的投资者被指责滥用 ETF 结果加剧了权益市场的波动。

**联邦存款保险公司（FDIC）** 依据 1993 年《格拉斯—斯蒂格尔法案》建立的独立机构。FDIC 向每个存款人提供最高达 25 万美元的存款保险，并对银行机构安全稳健性进行监督检查，同时负责破产银行的清算工作。

**联邦住房金融局（FHFA）** 该机构创建于 2008 年 7 月 30 日，当时总统签署了 2008 年住房经济恢复法案。它对房利美、房地美以及联邦住房贷款银行进行了有效的监督检查，确保这些机构的稳健运营，支持住房信贷与经济适用房的发展，并为建设稳定且富有流动性的信贷抵押市场提供了保障。

**联邦储备委员会** 该机构成立于 1913 年，作为美国的中央银行，其使命是制定货币政策，对金融服务控股公司以及一些银行进行监管。

**联邦贸易委员会（FTC）** 一个成立于 1914 年的美国政府机构。其目的是保护消费者权益，同时加强反商业竞争法律的实施。

**信托责任** 许多人将消费者保护视为圣杯。通常指的是负责客户资产或者事务的顾问应当将顾客的利益放在第一位，而不应当考虑自身利益。这听起来有些不切实际。但与圣杯一样，它不以人们所想象的形式存在。目前尚缺乏一个对合格受托人的统一定义。不同国家的法律也对信托责任做出了不同的规定。多年来通过法庭裁决形成的惯例已经被打破。在联邦法律中，仅在《联邦雇员退休收入保障法案》（ERISA）中对受托人进行了定义。正如第五章中所说的，这一概念是《多德—弗兰克法案》的关键元素。

**金融稳定监督委员会（FSOC）** 为了保持美国金融系统的稳定而提供全面监管的机构。该委员会负责识别威胁美国金融稳定的因素，提高市场纪律，应对影响美国金融系统稳定性的风险。

**金融业监管局（FINRA）** 对在美国境内开展业务的证券公司进行监管的最大的独立监管机构。金融业监管局的任务是确保证券业诚实公平运行，以保护美国投资者。总而言之，金融业监管局负责监督对象包括近4 460家券商、160 485个分支机构和629 520名注册证券代表。

**全额保护贷款** 无论发生怎样的风险事件，借款人都会偿付此类债务。

**期货合约** 按约定价格在未来买卖特定商品或者金融产品的合约，例如原油期货合约。

**期货市场** 买卖期货合约的市场，如芝加哥商品交易所（CME）。

**G-20** 1997年亚洲金融风暴使得主要发达国家与新兴经济体拥有了稳定国际金融市场的共同目标，并于1999年成立了20国集团。20国集团由19个国家与欧盟的财长、央行行长组成，成员国包括阿根廷、澳大利亚、巴西、加拿大、中国、法国、德国、印度、印度尼西亚、意大利、日本、墨西哥、俄罗斯、沙特阿拉伯、南非、韩国、土耳其、英国和美国，欧盟是20国集团的第20个成员。

**全球资本要求** 《巴塞尔协议Ⅲ》规定了银行和金融机构必须持有的资本数额。这些要求将在跨国监管中实施。

**全球权益投资市场** 由世界各地不同时区内各国的股票市场组成，包括美国、英国、中国、巴西等股票市场。

**政府问责办公室** 成立于1921年，是美国国会的一个分支机构，通过对政府不同机构和项目投资进行调查、评估与审计，提高联邦政府的绩效与可信度。由美国总审计长负责。

**对冲基金** 一种投资基金，通常（但并不总是）以多途径管理投资组合的私人投资合伙关系为组织架构。对冲基金有很多不同的形式与规模，因此需要进一步加以说明。然而，在通常情况下，主动型基金管理人在使用这种工具管理客户资金时，会尽可能降低使用的约束和限制，以便最大程度提高他们在各种市场条件下获取正回报（也称为绝对收益）的能力。对冲基金经理通常获得年费（可高达管理资产总额的2%）和为投资者赚取利润中的一定比例。这些利润可以基于客户原始投资来计算回报，也可将超过必要收益率（例如投资者购买美国国债所获得的收益率）之外的任何收益算作基金的收益。人们可以将对冲基金视为替代性投资，或者更准确地说，是一类流动性替代的投资机会。

**杠杆比率**　一家公司负债面值与总资产或者所有者权益之比，是衡量财务稳定性的基本指标之一。

**流动性**　就证券的范畴而言，流动性指的是保证买卖对证券价格干扰最小的交易活动的最高水平。流动性市场具有能够相对容易的买入和卖出的特征。就金融机构而言，流动性指的是能够偿付其短期债务的能力。确保新的规则不会减少市场流动性是正确监管改革考虑的因素之一。与此同时，大多数观察者认为巴塞尔委员会距离制定出切实可行的流动性监管规则还有很长的路要走。

**贷款损失准备金**　为弥补未来损失或拖欠贷款而设立的缓冲资金。

**按揭抵押证券（MBS）**　如果你曾在图书馆阅读过关于金融危机的书籍，你会发现这便是西方文明中的万恶之源。它们是一种资产抵押证券，其还款和抵押物来源于住宅或商业地产中的按揭贷款。过去的十几年来，美国的按揭融资市场发生了巨大的变化。最初，银行将贷款保留在资产负债表上（"发行—持有"模式，至今仍在加拿大等国盛行），如今银行将贷款打包出售给第三方投资者（"发行—出售"模式）。《多德—弗兰克法案》强制要求借款人至少保留贷款池中5%以上的风险，同时《多德—弗兰克法案》规定这项政策由商品期货委员会监督执行。

**市政证券规则制定委员会（MSRB）**　由国会于1975年建立的一个自律组织，通过促进市政债券市场公平有效发展达到保护投资者与公众利益的目的。除此之外，该机构还对州和地方政府发行人、公共养老金计划和其他信用等级低于市政债的证券提供保护。

**首次公开发行（IPO）** 通过发行及上市的方式首次向公众出售证券，此前公司的权益只能在特定人员间流通转让。

**表外业务（OBS）** 不表现在资产负债表负债方的融资行为。公司可以通过表外业务误导股东，隐瞒公司风险较高的业务。

**金融研究办公室（OFR）** 隶属于美国财政部。通过向金融稳定监督委员会及其分支机构提供高质量的数据、信息以及分析报告，使政策制定者与市场参与者对金融体系中的风险有一个更完整的把握。2010年，依据《多德—弗兰克法案》创建了该办公室。

**货币监察办公室（OCC）** 财政部内的一个独立机构，负责监督管理美国境内的所有本国银行和一些外国银行的分支机构，并发放营业执照。

**场外衍生工具** 一种允许交易双方不通过交易所而直接进行交易的金融衍生工具。诸如互换、远期利率协议以及奇异期权等金融衍生工具通常在场外进行交易。

**私募股权基金** 包括KKR、黑石集团在内的金融公司最初被称为杠杆收购基金。这些私募股权公司经常通过大量借债收购上市公司，使其私有化，对管理层进行重组后再次上市，在此过程中收取一定的管理费用，并可能为投资者赚取利润。

**自营交易** 公司利用自有资金赚取利润的行为，而非执行客户交易命令以赚取佣金或其他交易费用。《多德—弗兰克法案》中"沃克尔法则"（以前美联储主席保罗·沃克尔命名）对此项业务进行了重大限定。事实证明，在实际操作中难以将自营交易与金融机构代表客户进行资产负债管理或者担任做市商的经营活动区分开来。因此执行"沃克尔法则"会非常复杂、不透明、令人迷惑且具有开放性。在发展的初期，这更像是反映监管者心声的呐喊，而非一个切实可行的改革蓝图。

**监管套利**　金融机构通过转移到其他地区市场以使自身获取更为宽松监管条件的合法行为。例如一家美国的对冲基金出于宽松监管方面的考虑而在开曼群岛注册。也指经营活动、员工与投资者从受监管严格的机构（如银行）向受监管宽松的机构（如对冲基金）转移。

**监管基础结构**　监管美国及全球金融市场、金融机构的各种实体与规则的总体架构。

**零售存款**　个人在银行的储蓄存款，与公司存款相对应。由于从金融机构的角度看，这类存款更具稳定性，因此常常被称为核心存款（见存款机构）。

**净资产收益率（ROE）**　一个衡量盈利状况的指标，等于净收入与普通股股本总额之比，以百分比的形式表示。投资者可以利用这一指标衡量公司对股东资金的利用效率。

**风险加权资本**　基于资产的风险权重计算风险加权资产。监管机构要求银行保持合理的风险加权资本量，使其与估计总资产之比达到最低要求比例。

**证券交易委员会（SEC）**　是一个独立的联邦政府机构，该机构的使命为保护投资者，保证证券市场公平、有序、高效运行，同时为资本筹集提供便利。

**资产证券化**　银行和投资银行构建复杂的抵押品组合时所使用的融资技术。具体过程为构建由贷款、租金、信用卡应收账款、分期付款契约、住宅抵押、商业抵押等一系列资产形成的资产池，以获取未来稳定的现金流。（见资产支持证券及按揭抵押证券）

**影子银行系统**　由受监管约束较小的金融实体组成，如对冲基金、主权财富基金等，目前这些机构仍然游离在证券交易委员会、联邦储备局和其他监管机构的控制之外。

**社会责任投资**　见环境、社会与治理投资。

**主权财富基金**　与证券组合经理人运作基金类似，国有实体也是通过透明度不一的方式来运作该项基金，目的在于管理由各种不同渠道汇总而成的国家财富。过去的十年里，主权财富基金在国际金融市场中扮演着越来越重要的角色，如中国投资有限责任公司、挪威政府养老基金、加拿大阿尔伯塔省遗产基金、卡塔尔投资管理局、爱尔兰国家养老储备基金和澳大利亚未来基金。

**标准普尔 500 指数**　该指数以股票市值为基础，所包含的成分股广泛地涵盖了美国股市的普通股，并能够较好地反映出美国大公司在股票市场的整体表现。

**次级房贷**　金融机构基于房屋所有者收入在未来上涨的预期，将贷款发放给那些无法达到银行传统贷款要求的购房人。当房地产市场或者经济处于低迷时期，次级贷款借款者将首先出现违约行为。

**适宜性标准**　对在经纪公司供职的投资顾问的一项必要要求。指在考虑包括投资者的年龄、净资产、之前的投资经验、风险偏好、投资目标等在内的总体情况之后，投资顾问为客户制定的满足其需求的投资策略。目前信托标准正迅速替代这一原有标准。

**系统性风险**　金融体系的相互关联性和复杂性有可能给其自身带来巨大的破坏，而这最终会损害整个市场和各种类别的资产。

**不良资产处置计划（TARP）**　该计划始于 2008 年 10 月，具体指美国财政部从银行和其他金融机构处购买缺乏流动性资产的行为，目的为提高这些金融机构资产负债表的稳定性。在美国次贷危机爆发之时，美国财政部启动了这一计划。

**大额融资**　银行除零售银行存款之外另一种为经营管理提供资金管理风险的渠道。大额融资来源包括联邦储备基金、第三方债务、优先股、证券化资产、经纪转存款等。与零售存款业务相比，人们认为大额融资缺乏稳定性和可靠性。

# 笔者对补充材料的导读

为了更好地理解近期所发生的事件,我养成了阅读市面上一切有关金融危机书面资料的习惯。以下是我对一些关于金融危机的书籍的导读,这些书籍比其他资料更为重要,也更值得一读。而下面的观点和评论则具有高度主观性。

## 理解金融危机

《大而不倒:关于华尔街和华盛顿拯救金融体系以及他们自身的内部故事》,安德鲁·罗斯·索尔金(Andrew Ross Sorkin)著(企鹅出版社,2009)

导读由这本叙述金融危机的黄金范例开始。本书节奏紧凑,且颇具综合性,囊括了包括个人和机构在内的所有相关者。在所有关于"什么时候谁对谁做了什么"的书籍中,读者只看这一本就足够了。

《大空头》,迈克尔·刘易斯著(美国 W. W. 诺顿出版社,2010)

迄今为止将危机描述得最具娱乐性的一本书。该书沿用了经典的刘易斯式叙述方式,栩栩如生地展现了一群性格怪异的失职人员,他们将敢于看空整个发达世界数万亿美元住房金融体系。书中的核心人物是一名律师出身的逆势分析师,史蒂夫·埃斯曼。他争强好胜,连他的妻子都说他待人接物"毫无真诚性可言"。再有就是迈克尔·巴里,他曾经是一名医生,

## 笔者对补充材料的导读

患有阿斯伯格综合征，镶有一只假的玻璃眼。在他成功使投资者的投资价值翻倍之后的几个月，投资者诽谤他，并要求他归还他们所投入的全部资金。

《自食其果：在第三世界的旅行》，迈克尔·刘易斯著（美国W.W.诺顿出版社，2011）

迈克尔·刘易斯的又一力作。尽管本书不是刘易斯所有作品中语言最优美的一本，却无疑提供了回顾欧洲各国财政狂热的一手资料。2008年和2009年，全球金融机构岌岌可危，如临深渊。而欧洲各国的财政狂热也将其推向了同样的峭壁边缘。刘易斯在书中对一名基金经理的投资假设进行了描述。主权国家向公民承诺在危机时期拯救国民银行，而这导致其财政压力剧增。在这个过程中，这些国家偿债能力的下降差点就引发了新一轮的全球金融危机。刘易斯还针对当前金融危机根源不仅仅是决策失误的现象提出了一个新的概念，"一个由全社会所造成的问题……人们竭尽所能地索取，仅仅因为他们拥有这样的能力，却丝毫不考虑这样做可能造成的社会后果"。他书中描述的男男女女生动反映了这一情形，"独自一人，置身一个堆满金钱的黑屋之中"。

《峭壁边缘：拯救世界金融》，亨利·M.保尔森著（Business Plus，2010）

美国金融体系的总设计师、推销员和执行者，乔治·布什的财政部长提供的美国政府救助金融机构的终极内部资料。尽管保尔森曾犯下很多错误，也经常在匆忙之中采取补救措施，他和他的同事，美联储主席本·伯南克仍然无愧于国会授予的荣誉勋章，表彰他们在让美国，甚至还包括其他G-7国家幸免于第二次大萧条过程中所作出的杰出贡献。

《金融危机调查报告》，金融危机调查委员会著（公众事务出版社，

2011)

某种意义上说，你至少需要自行阅读和理解这份关于金融危机的官方报告。

## 商业领导中的道德操守

《道德资本主义：协调私利与公利》，斯蒂芬·杨著（贝瑞特—科勒出版社，2003）

我觉得杨试图将资本主义重建为一种正义力量的观点（道德资本主义，而不是蛮力资本主义）耳目一新，令人为之一振。这一观点清晰明了，且具有较强的实用性。这或许与他是一个中西部人（他曾任哈姆林大学明尼苏达州法学院院长）有关。

《道德经：提高经营业绩与领导效力》（普伦蒂斯—霍尔出版社，2008），《道德经2：在动荡时期提高经营业绩与领导效力》（普伦蒂斯—霍尔出版社，2011），道格·莱尼克，弗莱德·凯尔著

这次是由来自一家多元化经营的明尼阿波利斯金融机构中资深人士所提供的阅读盛宴，中西部人民又一简单明了的智慧结晶。这里的水中有什么？哪些水又取自于密西西比河？这是一项号召，呼吁公司领导者基于"……当今世界，利他与相互合作是人们的基本行为，因为早年我们的祖先就是靠这个生存下来的"这一假设前提来做出正确的抉择。

《够了：基金之神John Bogle写给中产阶级的快乐致富学》，约翰·C.博格尔著（约翰—威立国际出版公司，2009）

通常情况下，"华尔街良心"听起来更像是一句责骂，但约翰对"我们当中最富有、最有权力的人几乎可以不受任何约束地继承所有"的观察

是极其深刻并且值得反思的。"不知道什么才足以颠覆我们的……价值观……这让本应是受托人的成为了销售人员……这……将我们引入歧途。我们盲目地追逐成功;常常为转瞬即逝……毫无意义的事情而在祭坛上跪拜祈祷,却不珍惜身边永恒的事物……"

《真诚领导力:揭秘如何创造持久价值》,比尔·乔治著,(乔西—巴斯出版社,2003)

猜猜作者是哪里人?是的,还是明尼阿波利斯。与"仆人领导理论"提出者罗伯特·格林利夫一样,这位美敦力的前任董事长兼CEO开启了担任有效领导理论评论员的第二职业生涯。他已成为CEO想要增加工作场所内外价值时所寻求的一类资源。

## 个人投资

《财富、战争和智慧》,巴顿·比格斯(约翰—威立国际出版公司,2008)

"二战"期间,社会与经济的动乱程度远比我们在2008年和2009年所经历的要严重好几倍。而本书正是叙述了"二战"期间最好的资产类别选择以及财富保值增值策略。书中包含了许多温斯顿·丘吉尔的逸闻趣事与格言。这是对历史爱好者的双重奖赏:比格斯的资产配置计划是基于他对"二战"研究而制定的:60%的股票,30%的债券,5%的实物资产和5%的海外资产。而理想的财富保值策略则是:"预期到未来的麻烦。"(参见下文中塔勒布所写的书)

《黑天鹅》,纳西姆·尼古拉斯·塔勒布(兰登书屋,2007)

如果无知是种美德,那么塔勒布无疑是一个活生生的圣徒。但他的中心假设前提却与匿名戒酒会一样：请赐予我智慧，让我明白现实中充满不确定性。那些我所不能预见、预测、预防或者避免的事情却恰好对我影响最深。而我们所能做的，就是为未知做好充分准备。

《敢为人先的投资组合管理：投资机构的创新之路》，大卫·F. 史文森（自由出版社，2009）

我并未在《管理职责》一书中引用史文森书中的言论，他也拒不接受我的采访……因此我承认是有些恼火。但尽管如此……在这本由耶鲁首席投资官所写的书中，对不同资产种类的选择和投资策略的描述堪称经典，醍醐灌顶。但正如他们说的那样，"不要拿自己的钱去实践这些策略"。在这件事情上，对耶鲁有用的策略并不一定适合个人投资者和绝大部分机构投资者。

《赢得"输家的游戏"》，查尔斯·埃利斯（第五版，麦格劳—希尔，2009）

这是我所读到的第一本关于投资管理业务方面的书。与史文森的书一样，本书堪称经典佳作。在投资领域中，有着"时间就是阿基米德的杠杆"这一说法，投资策略应当与投资者的时间跨度相得益彰。在全球资本市场极度动荡之时，牢记只要没有损失就是取得投资成功这一开创性原则可以安抚很多投资者的情绪。

《季度快讯》，杰瑞米·格雷厄姆

还在犹豫什么？赶紧去 www.gmo.com 注册，成为每季度格雷厄姆对其认为当下重要事件评论的定期读者吧。比方说，近期他在研究人类赖以生存、保证经济持续增长的稀缺商品价格的范式转变。作为如今最聪明的投资者之一，格雷厄姆狂热地相信着"均衡回归"与"在投资中，除了泡沫和萧条，其他一切都无关紧要。"据我所知，格雷厄姆的公司，即 CMO

有限责任公司是唯一一家每季度发布并更新不同资产预期收益的公司(并且时间跨度在七年以上)。事实证明,该公司的预测十分精确,颇具先见之明。

# 补充参考文献

Ackerman, Andrew. "SEC Targets 'Abacus' Deals." *Wall Street Journal*, September 20, 2011.

Ackerman, Andrew. "Shapiro Still Sees Fissures in Financial System." *Wall Street Journal*, June 21, 2011.

Adam, Shamim. "El-Erian: World on Eve of Next Financial Crisis." *Bloomberg*, September 22, 2011.

Andrews, Suzanne. "The Woman Who Knew Too Much." *Vanity Fair*, November 2011.

Bachus, Spencer, and Jeb Hensarling. "One Year Later: The Consequences of the Dodd-Frank Act." Washington, DC: Financial Services Committee.

Barton, Dominic. "Capitalism for the Long Term." *Harvard Business Review*, March 1, 2011.

Bernstein, Donald S., et al. "Client Memorandum: FDIC's Second Notice of Proposed Rulemaking under the Orderly Liquidation Authority." Davis Polk & Wardwell LLP, March 28, 2011.

Biggs, Barton. "No More Water, the Fire Next Time." *Macroeconomic Thoughts*, August 10, 2011.

Blinder, Alan S. "Two Cheers for the New Bank Capital Standards." *Wall Street Journal*, September 20, 2010.

Bloomberg News. "SEC Wants Money Funds to Buffer Up: Sources." *InvestmentNews*, August 2, 2011.

Bolli, Agathe, and Gianreto Gamboni. "Education Note: Socially Responsible Investing." *UBS Wealth Management Research*, December 10, 2007.

Braithwaite, Tom, and Patrick Jenkins. "JPMorgan Chief Says Bank Rules 'Anti-US.'" *Financial Times*, September 12, 2011.

Bruni, Frank. "Humble Service with a Side of Swag." *New York Times Sunday*, August 21, 2011.

Burstein, Katherine, and Craig Metrick. "DC Plan Management and Pension Inconsistency: Is Your Plan at Risk?" Mercer, 2010.

Burton, Jonathan. "Grantham: 'No Market for Young Men.'" *MarketWatch*, September 21, 2011.

Carver, Laurie. "Excessive Capital Requirements Will Make Markets More Chaotic—Myron Scholes." *Risk Magazine*, June 22, 2011.

Cheng, Beiting, Ioannis Ioannou, and George Serafeim. "Corporate Social Responsibility and Access to Finance, Working Paper 11–130." Harvard Business School, May 18, 2011.

Cohan, William D. "Lehman's Demise, Dissected." *New York Times*, March 18, 2010.

Credit Suisse. "Global Equity Strategy: Andrew Garthwaite and Team, US Morning Call." Credit Suisse Securities (Europe), September 13, 2011.

Cui, Carolyn. "For Money Managers, a Smarter Approach to Social Responsibility." *Wall Street Journal*, November 5, 2007.

Dallas, George. "REO Viewpoint: Banking As If the Economy Mattered." F&C Investments, October 2011.

Donlan, Thomas G. "Charitable Contribution: The MacArthur Foundation Funds a Timely Reminder of Fiscal Imprudence." *Barron's*, January 18, 2010.

Dow Jones. "RBC's Nixon Frustrated by Basel III Rules." *American Banker*, September 20, 2011.

The Economist. "America's Downgrade: Substandard & Poor," August 13, 2011.

The Economist. "America's Bail-Out Maths: Hard-Nosed Socialists," June 11, 2011.

The Economist. "Dimon Geezer," July 16, 2011.

The Economist. "Don't Blame Canada: A Country that Got Things Right," May 14, 2009.

The Economist. "Europe's Currency Crisis: How to Save the Euro," September 17, 2011.

The Economist. "Goldman Sachs and the SEC: Greedy Until Proven Guilty," April 22, 2010.

The Economist. "Investing During a Crisis: Nowhere to Hide," October 15, 2011.

*The Economist.* "Investment Banking: The Big Squeeze," February 19, 2011.

*The Economist.* "The Euro-Zone Crisis: Fighting for Its Life," September 17, 2011.

*The Economist.* "The Goldilocks Recovery: Strict Financial Regulation and a New Commodity Boom Have Turned 'Boring' Canada into an Economic Star," May 6, 2010.

*The Economist.* "The Proper Diagnosis: Profligacy Is Not the Problem," September 17, 2011.

Eder, Steve, Michael Rothfeld, and Aaron Lucheti. "Probe into Goldman Widens." *Wall Street Journal,* September 7, 2011.

Einhorn, David, and Michael Lewis. "Jan. 4, 2009: Wall Street's Fatal Blind Spot." *New York Times,* September 25, 2010.

Ellison, Jib, et al. "When Nature Gets Valued," Blu Skye Sustainability Consulting, May 14, 2010.

Epstein, Gene. "Corporate Tax Hurdles: A World of Difference." *Barron's,* April 18, 2011.

Farrell, Paul B. "Goldman's Secret Moral Pathology." *MarketWatch,* November 24, 2009.

Fidler, Stephen. "The Next Step for Europe: Putting Its Plan to the Test." *Wall Street Journal,* October 28, 2011.

Freeland, Chrystia. "Canada's Great Escape." *Financial Times,* January 30, 2010.

Freeman, James. "The Weekend Interview with Paul Singer: Mega-Banks and the Next Financial Crisis." *Wall Street Journal,* March 19, 2011.

French, Kristen. "The *New* New Deal." *Registered Rep.,* April 1, 2011.

Friedman, Thomas L. "The Clash of Generations." *New York Times,* July 17, 2011.

Friedman, Thomas L. "When Economics Meets Politics." *New York Times,* February 3, 2010.

Grantham, Jeremy. "Feet of Clay: Alan Greenspan's Contribution to the Great American Equity Bubble." *GMO Special Topic Paper,* October 2002.

Grantham, Jeremy. "Immoral Hazard." *GMO Quarterly Letter,* April 2008.

Gross, Bill. "Warning to Washington: Don't Mess with the Debt Ceiling." *Washington Post,* July 13, 2011.

Haanaes, Knut, et al. "Sustainability: The 'Embracers' Seize Advantage." *MIT Sloan Management Review* and Boston Consulting Group, Research Report Winter 2011.

Hall, Kevin G. "Few Foreclosures, No Bank Failures: Canada Offers Lessons." *McClatchy Newspapers,* July 12, 2011.

Harwood, John. "Spend Now, Save Later, Bond Fund Leaders Say." *New York Times,* August 22, 2011.

Jenkins, Holman W. Jr. "The Weekend Interview with James Grant: The Scourge of the Faith-Based Paper Dollar." *Wall Street Journal*, July 17, 2011.

Jenkins, Patrick. "Failure to Tackle Lessons from 2008." *Financial Times*, September 12, 2011.

Jenkins, Patrick. "No More Agreement over What to Do about Banks." *Financial Times*, September 12, 2011.

Kanter, Rosabeth Moss. "What Would Peter Say?" *Harvard Business Review*, November 2009.

Karnitschnig, Matthew. "Cheers and Skepticism Greet European Deal: Dow Jumps 339.51 Despite Questions." *Wall Street Journal*, October 28, 2011.

Kopecki, Dawn. "Dimon Asks If Bernanke Shares 'Fear' of Rules Slowing Economic Recovery." *Bloomberg*, June 7, 2011.

Kramer, Mark R., and Michael E. Porter. "Creating Shared Value." *Harvard Business Review*, January 2011.

Kramer, Mark R., and Michael E. Porter. "Strategy and Society: The Link Between Competitive Advantage and Corporate Social Responsibility." *Harvard Business Review*, December 2006.

Lauricella, Tom. "Pivot Point: Investors Lose Faith in Stocks." *Wall Street Journal*, September 26, 2011.

Lohr, Steve. "First, Make Money. Also, Do Good." *New York Times*, August 14, 2011.

Lonon, Yasmine, and Laura Nishikawa. "Industry Report—North America: Continued Exposure to Sustainability Challenges." *MSCI ESG Research*, March 2011.

Mattingly, Phil. "FDIC Approves 'Living Wills' Rule for Largest Bank Failures." *Bloomberg*, September 13, 2011.

McTague, Tim. "A Not-So-Happy Birthday for Dodd-Frank." *Barron's*, July 4, 2011.

Mendonca, Lenny T., and Jeremy Oppenheim. "Investing in Sustainability: An Interview with Al Gore and David Blood." *The McKinsey Quarterly*. Web exclusive, May 2007, www.mckinseyquarterly.com/Investing_in_sustainability_An_interview_with_Al_Gore_and_David_Blood_2005.

Morgenson, Gretchen. "Suddenly, Over There Is Over Here." *New York Times*, September 17, 2011.

Nishikawa, Laura. "Thematic Report: Global Banks, ESG Risk in the Global Banking Sector." RiskMetrics Group, June 2010.

Nishikawa, Laura. "Which Banks Create the Most Social Utility for the Least Systemic Risk?" MSCI ESG Research, 2011.

Nixon, Simon. "ICB Takes Shot at Bank-Heavy Britain." *Wall Street Journal*, September 13, 2011.

Nonaka, Ikujiro, and Hirotaka Takeuchi. "The Big Idea: The Wise Leader." *Harvard Business Review*, May 2011.

Norton, Leslie P. "The Dangers of Lessons Unheeded." *Barron's*, March 21, 2011.

O'Donohoe, Nick, Christina Leijonhufvud, and Yasemin Saltuk. *Impact Investments: An Emerging Asset Class*. J.P. Morgan Global Research, prepared in partnership with the Rockefeller Foundation and the Global Impact Investing Network. November 29, 2010. Available at: www.jpmorgan.com/pages/jpmorgan/investbk/research/impactinvestments.

Philbrick, Nathaniel. "The Road to Melville." Adapted from "Why Read Moby Dick?" *Vanity Fair*, November 2011.

Porter, Tony. "Canadian Banks in the Financial and Economic Crisis." McMaster University, Hamilton, Canada. Paper prepared for presentation at the Policy Responses to Unfettered Finance Workshop, North-South Institute, Ottawa, Canada, June 8–9, 2010.

Prahalad, C. K. "The Responsible Manager." *Harvard Business Review*, January 2010.

Protess, Ben. "Court Ruling Offers Path for Challenging Dodd-Frank Rules." *New York Times*, August 18, 2011.

Rappaport, Liz. "Banks Hit For Credit Union Ills." *Wall Street Journal*, March 23, 2011.

RBC Wealth Management. "Market Update: Looking Beyond the S&P downgrade." Global Portfolio Advisory Committee, August 8, 2011.

Reiner, Karen. "Most Environmentally and Socially Controversial Companies of 2010." *RepRisk*, December 15, 2010.

Rich, Frank. "The Bipartisanship Racket." *New York Times*, December 19, 2010.

Rotella, Carlo. "Can Jeremy Grantham Profit from Ecological Mayhem?" *New York Times*, August 11, 2011.

Sanchez, Gloria. "The Educational Foundation of America." Brandes Investment Partners, September 20, 2011.

Schoeff Jr., Mark. "Dodd-Frank: As a Rule, the Going Has Been Slow." *InvestmentNews*, July 17, 2011.

Seib, Gerald F. "Voters' Faith Deficit Widens." *Wall Street Journal*, May 25, 2010.

SIFMA. "SIFMA CEO Testifies on Impact of Dodd-Frank Regulations on Jobs and U.S. Competitiveness." June 16, 2011, www.sifma.org/news/news.aspx?id=25991.

SIFMA. "Systemic Risk Information Study." *SIFMA*, June 2010.

# 补充参考文献

Simon, Ruth, and Nick Timiraos. "What Did Fannie, Freddie Know?" *Wall Street Journal*, September 6, 2011.

Solomon, Deborah. "FDIC's Bair: New Capital Rules Won't Hurt Lending." *Wall Street Journal*, June 10, 2011.

Steinert-Threlkeld, Tom. "SIFMA's Ryan: Capital Surcharge a Threat to U.S. Competitiveness." *Securities Technology Monitor*, September 6, 2011.

Story, Louise, and Gretchen Morgenson. "For Goldman, A Deal's Stakes Keep Growing." *New York Times*, April 17, 2010.

Strasburg, Jenny, and Jean Eaglesham. "Subpoenas Go Out to High-Speed Trade Firms." *Wall Street Journal*, August 8, 2011.

Surowiecki, James. "The Goldman Hearings: Levin vs. Wall Street." *New Yorker*, April 27, 2010.

Taibbi, Matt. "The Great American Bubble Machine." *Rolling Stone*, April 5, 2010.

Taibbi, Matt. "Why Isn't Wall Street in Jail?" *Rolling Stone*, February 16, 2011.

Tarullo, Daniel K. "Regulating Systemically Important Financial Firms." Speech at the Peter G. Peterson Institute for International Economics, Washington, D.C. Federal Reserve, June 3, 2011.

Tedesco, Theresa. "The Great Solvent North." *New York Times*, February 28, 2009.

Tett, Gillian. "Beware a Hegelian Touch of Regulatory Hubris." *Financial Times*, September 14, 2011.

Tett, Gillian. "In the Dock, but Not in Jail." *Financial Times*, March 11, 2011.

Thomas, Bill, Keith Hennessey, and Douglas Holtz-Eakin. "What Caused the Financial Crisis?" *Wall Street Journal*, January 27, 2011.

Torres, Craig, and Cheyenne Hopkins. "Fed Said to Track Basel Capital Rules for Biggest U.S. Banks." *Bloomberg*, August 11, 2011.

U.S. Department of the Treasury. "Remarks by Treasury Secretary Tim Geithner to the International Monetary Conference." Atlanta, Georgia, June 6, 2011.

United Nations Environment Programme. "Fiduciary Responsibility." A report by the Asset Management Working Group of the UNEP Finance Initiative, July 2009.

*Wall Street Journal*. "Everyone Bails Out Everyone," October 28, 2011.

*Wall Street Journal*. "So Much for the Volcker Rule," October 24, 2011.

Warren, Elizabeth. "Wall Street's Race to the Bottom," February 8, 2010.

Zakaria, Fareed. "Worthwhile Canadian Initiative." *Newsweek*, February 7, 2009.

# 致　谢

　　如果没有三个人的帮助和支持，我永远也写不出这本书。我的经纪人兼编辑，莉娅·斯皮罗，他提供给我一个框架以及将前期章节扩大成为一本书的信心。同时他还帮助我将一些间歇的片段塑造成一个连贯的整体。莎莉·施雷伯，我的实习生，他圆满地处理了围绕着这样一个计划的管理细节方面的永无止境的列表。我的妻子，劳拉，她鼓励我探索多年来我一直在尝试的管理信息，同时她还帮助我找到了我想说的声音。我很感激帕梅拉·范·吉森，埃文·伯顿，约翰·威立国际出版公司的埃米莉·赫尔曼，他们认识到了管理思想的及时性和相关性并给了我一个机会。感谢我的朋友和同意接受采访的业界同仁：查斯·伯克哈特、查理·埃利斯、比尔·约翰斯通、保罗·珀塞尔、杰夫·斯洛克姆、汤姆·范·戴克和布莱恩·沃尔什；感谢蒂姆·瑞安和 SIFMA 管理团队的肯·本特森、艾拉·哈默曼、兰迪·斯努克、谢丽尔·克利斯佩斯、爱丽尼·罗森塔尔、约翰·马日罗，以及给我提供了多德—弗兰克金融监管改革的最前沿信息的戴维·克莱斯勒；感谢我在 RBC 的同事乔治·刘易斯、小吉姆、凯瑟琳·盖、林恩·帕特森，是他们给了我自由并支持这项工作。很少有处于像我一样的位置和角色的人，能在经营一个财富管理公司的同时写一本书。

# 作者简介

约翰·G. 塔夫脱是美国最大的提供全面服务的零售经纪公司之一RBC 财富管理的首席执行官。该公司在 42 个国家设有 200 个办事处，拥有约 2 000 名财务顾问。公司旗下管理资产 2 200 亿美元，其隶属于 RBC，即加拿大皇家银行，一个总部设在多伦多的拥有 650 亿美元的机构。

2011 年，约翰担任证券业和金融市场协会（SIFMA）主席，SIFMA 是一个代表美国的证券公司、银行及资产管理公司的领先的证券行业交易集团。约翰在领导 SIFMA 期间，经历了主要的金融改革法案——《多德—弗兰克法案》的辩论和实施，并支持联邦受托投资护理标准在国会得到证实，该标准关注那些为个人客户提供建议的专业人士。

约翰自 1981 年以来一直在金融服务业工作，担任过旅行者资产管理的董事长、总裁兼首席执行官，多尔蒂峰会证券公司总裁兼首席执行官，西格尔、科比和哈米尔、克利夫顿集团以及复古共同基金的董事会成员，Piper Jaffray & 霍普伍德的总经理。约翰同时也是明尼苏达州圣保罗市市长助理。最初，他以一名记者的身份开始了他的职业生涯。

约翰积极倡导多样性。约翰是 RBC 财富管理中男同性恋、女同性恋、盟军和多样化的员工（GLADE）资源组织的执行发起人。在他的领导下，RBC 财富管理在人权运动的企业平等指数得分为 100%。2010 年，约翰被国家同性恋商会（NGLCC）评为"优秀的企业多元化领袖"。

约翰曾在广泛的非营利机构和公共服务组织里担任过各种各样的角色。它们包括：沃克艺术中心、麦卡拉斯特大学、布雷克学校、西北地区基金会、明尼苏达州公共广播电台、双城公共电视台、圣保罗室内乐团、明尼苏达州电影局、幻影剧场以及和伊集团。他还在市长经济发展金融委员会、蓝丝带养老金委员会以及市长的地方政府融资工作组工作过。

约翰曾出现在 CNBC、福克斯、福克斯商业新闻、彭博电视、the street.com 和 FT.com,并被刊登在纽约时报、国家期刊、游行杂志、新共和国、真纸、陶斯新闻、圣达菲新墨西哥、明尼阿波利斯明星论坛报以及圣保罗先锋报上。在全国各地的各种事件中,约翰是一个频繁的出席人和发言人,包括沃顿商学院的证券业协会和明尼阿波利斯的圣托马斯大学伦理商业文化中心。

约翰是以优异成绩毕业的优等生,获位于康涅狄格州纽黑文的耶鲁大学文学学士学位,并在耶鲁大学管理学院获公共和私人管理硕士学位。

约翰和他的妻子劳拉,住在明尼阿波利斯和蒙特利尔。他有三个孩子,玛丽·埃里森、劳伦和科林,以及两个继子女,加布里埃尔和利亚姆。